Cerda Gutiérrez, Hugo.

    Cómo elaborar proyectos: diseño, ejecución y evaluación de proyectos sociales y educativos / Hugo Cerda Gutiérrez. — 4. ed. —Bogotá: Cooperativa Editorial Magisterio, 2001.

    156p. — (Colección Mesa Redonda; Nº 16)

    1. Proyectos Educativos (Elaboración) 2. Educación - Proyectos I. Tit. II. Serie.

    CDD 371. 207 /C27c MFN: 0016

Hugo Cerda Gutiérrez

Cómo elaborar Proyectos

Diseño, Ejecución y Evaluación de Proyectos Sociales y Educativos

MAGISTERIO EDITORIAL

Colección Mesa Redonda

CÓMO ELABORAR PROYECTOS
Diseño, ejecución y evaluación de proyectos sociales y educativos

Autor
©   *HUGO CERDA GUTIÉRREZ*

Libro ISBN: 978-958-20-0024-0

Primera edición: 1995.
Segunda edición: 1997.
Tercera edición: 1999.
Cuarta edición: 2001.
Quinta edición: 2012
Reimpresión 2015
Reimpresión: 2018

©   *COOPERATIVA EDITORIAL MAGISTERIO*
         Diagonal 36 bis # 20-70 (Parkway la Soledad) PBX: 3383605/06
         Bogotá, D.C., Colombia
         www.magisterio.com.co
         info@magisterio.com.co

Dirección General
ALFREDO AYARZA BASTIDAS

Dirección Editorial
ILSE PATRICIA SÁNCHEZ R.

Contenido

Prólogo

En esta cuarta edición se ha querido ampliar la información relacionada con el proyecto en general y se ha establecido una clara diferenciación entre el significado genérico que posee el término *proyecto* y el propio de la gestión de proyectos, que en el campo de la administración de empresas y de la economía se encuentra relacionado con una práctica más específica. De esta manera se busca evitar equívocos y confusiones en este terreno, principalmente en el campo educativo, donde el término se utiliza indistintamente para designar tanto una propuesta como un plan definido o el documento final de un proyecto. Se ha incluido un nuevo capítulo dedicado al proyecto en el campo educativo, particularmente centrado en las diferentes variantes que el término tiene en este terreno: proyectos pedagógicos, proyectos educativos institucionales (PEI), proyectos curriculares, proyectos de vida, etc. De igual manera se ha ampliado el capítulo dedicado al anteproyecto, debido a la importancia que poseen en la actualidad los estudios de prefactibilidad, factibilidad y viabilidad, como etapa preliminar de cualquier proyecto. Se ha conservado gran parte del material de las ediciones anteriores porque, a nuestro juicio, éste tiene una vigencia permanente.

¿Qué es un proyecto?

Definición de proyecto

El término *proyecto* es fundamentalmente polisémico, porque en torno a él se conjugan usos, significados y aplicaciones muy diferentes. Es una de las palabras "comodín" que se utilizan como sinónimo de muchas cosas, porque si bien en la práctica todos entendemos lo que es un proyecto, la diversidad de significados con los cuales lo asociamos lo convierte en un término ambiguo e impreciso. La propia etimología de la palabra *proyecto* no nos ayuda mucho a definir sus dimensiones semánticas. El vocablo, proveniente del latín *proiectus,* se compone del prefijo *pro,* que significa entre muchas cosas *hacia adelante* o *hacia el futuro,* e *edictus* (participio pasado del verbo latino *iacere,* que se traduce por *lanzar* o *arrojar*). O sea, cuando decimos que somos un proyecto, significa que estamos *lanzados hacia delante o estamos abiertos al futuro.* Esta acepción hace referencia a uno de los tantos significados que tiene la palabra, o sea, al proyecto como idea, disposición o intención de una persona, pero no necesariamente como plan sistemático para alcanzar algunos fines y objetivos específicos, que es, a la postre, el uso que tiene más difusión en la actualidad.

Antes de que el término *proyecto* se instrumentalizara y se transformara en un conjunto de medios y procedimientos para alcanzar un fin determinado a nivel operativo, tenía una connotación más amplia, porque, filosóficamente, hacía referencia a la proyección social y espiritual del ser humano que encarnaba el deseo de trascender y proyectarse hacia los demás, salir de sí mismo y abrirse al otro. Heidegger nos habla del proyecto como la actitud de plantearse a sí mismo un *vivir como un proyecto*, una anticipación a sí mismo. Para Ortega y Gasset, la vida humana es ante todo un *proyecto vital,* pues el hombre se ve enfrentado permanentemente a *lo que va a ser,* a inventarlo y pretender realizarlo ante el imperativo de las circunstancias. Sartre afirma que el proyecto es una conciencia de libertad absoluta, de manera que, más que un proyecto, es un *preproyecto,* porque siempre está abierto a cualquier modificación.

Los sociólogos y antropólogos aspiran a convertir la comunidad en un verdadero *proyecto de desarrollo*. A juicio de éstos, la comunidad, independientemente de las acciones que se realicen, es un *proyecto en sí mismo*, al igual que los individuos que la integran. Cualquier acción organizada que busque un cambio social y mental en la comunidad hará parte de este proyecto de desarrollo. Para los planificadores económicos o administrativos, un proyecto es un plan de trabajo con carácter de propuesta, que concreta los elementos necesarios para alcanzar sus metas o logros. Una *proyección,* para un psicólogo, es un mecanismo de defensa por el cual un individuo les atribuye sus propios conflictos a individuos o hechos externos.

Aunque en la práctica un proyecto puede constituirse en una actitud, un designio, una intención o una idea, existe un consenso entre los autores de que se trata de un avance de las acciones que se realizarán, dirigidas a conseguir un propósitos determinados. En el propio verbo *proyectar* se perfilan algunas características del término, ya que éste nos habla del acto de idear, trazar o disponer de un plan y de los medios para la ejecución de una cosa. O sea, el proyectarse exige definir y concretar las ideas o los deseos que posee un individuo, al igual que en cualquier proyecto social o económico.

Tradicionalmente, cualquiera que sea la modalidad o el propósito del proyecto, sus funciones y su misión son *prever, orientar* y *preparar* bien el camino de lo que se va a hacer. Las personas preparan o se anticipan mentalmente a las cosas o a las acciones que se van a desarrollar durante el desarrollo de un proyecto, o sea, están en condiciones de prever. Pero la función de un proyecto también es *dirigir, encauzar, guiar* y *orientar* las acciones o a las personas hacia un fin determinado. Al ser el proyecto un medio sistemático y organizado, destinado a resolver un problema o a alcanzar un fin determinado, se deben prever y planear todos los pasos, acciones y medios para lograr los fines que propuestos.

El Instituto Latinoamericano de Planificación Económica y Social (Ilpes), organismo vinculado a la Cepal, afirma que, en su significado básico, *el proyecto es el plan prospectivo de una unidad de acción capaz de materializar algún aspecto del desarrollo económico o social*[1]. *Pero la palabra proyecto se usa también para designar el documento o monografía en que se plantean y analizan los problemas que implica movilizar factores para alcanzar objetivos determinados, de acuerdo con una función de producción*

---

1.   ILPES. *Guía para la presentación de proyectos*. El Salvador, 1989.

dada, justificando asimismo el empleo de estos factores frente a otras opciones potenciales de utilización[2]. El ILPES considera que reducir el término a los niveles de los aspectos puramente materiales y técnicos del trabajo es limitar su significado, por lo que reserva el término para referirse, en su sentido más amplio, a la idea original de producción, la cual se justifica en un marco metodológico, técnico, administrativo, económico, financiero e institucional.

¿Qué elementos deben necesariamente incluirse en un proyecto para considerarlo como tal? Si bien en este terreno existen opiniones diferentes, para el Ilpes se deben incluir los siguientes aspectos:

- Una descripción de lo que se quiere conseguir, indicando con precisión su finalidad.
- Una adaptación del proyecto a las características del entorno y a las personas que lo van a llevar a cabo.
- Unos datos e informaciones técnicas para el mejor desarrollo del proyecto, así como instrumentos de recogida de datos.
- Unos recursos mínimos imprescindibles para su aplicación.
- Una temporalización precisa para el desarrollo del proyecto.

Hoy día, el término *proyecto* ha adquirido carta de ciudadanía en la mayoría de las actividades políticas, económicas, tecnológicas, científicas, culturales y educativas, y no existe país que no haya incorporado la palabra de proyecto en sus actividades básicas. El *progetto* en Italia, el *projet* en Francia, el *project* en Estados Unidos, el *projekt* en Alemania y el *proekt* en Rusia hacen parte de la

---

2.   Ibíd.

terminología común en la economía, la educación y la tecnología de estos países.

Quizás debido a la ambigüedad del concepto, en muchas oportunidades se comete el error de confundir el término *proyecto* con otros que, si bien se encuentran íntimamente relacionados con éste, son muy diferentes. Nos referimos a las actividades, planes y programas que hacen parte de un ciclo y un desarrollo, que algunos consideran como una unidad lógica y metodológica, en la que las partes hacen parte de un todo organizado que tiene significado propio y que no siempre es reductible a sus partes.

Gestión de proyectos

Esta variedad de significados que posee el término *proyecto* ha dificultado en la práctica el manejo de un concepto que parece entenderse indistintamente como un deseo, una actitud o una intención, o como una práctica específica o como un conjunto de medios para alcanzar un objetivo fijado de antemano. Las ciencias administrativas y económicas utilizan el término *gestión de proyectos* para evitar que se confundan dos significados que, si bien son inseparables de cualquier proyecto, se acostumbra diferenciar para evitar que se produzcan equívocos que pueden desorientar y confundir a quienes utilizan en forma genérica el término.

Una de las definiciones de *gestión de proyectos* más difundidas es la de David Cleland, quien la define como una disciplina y como un proceso estratégico de elaboración y organización, que combina una serie de recursos organizacionales y operativos destinados a alcanzar un fin o un logro determinado. De acuerdo con este autor, "la gestión de proyectos es el arte de dirigir y coordinar los recursos humanos y materiales para alcanzar los objetivos predefinidos, de costo, de tiempo, de calidad a satisfacción de los participantes[3].

Él diferencia entre una *gestión de proyectos* y una *gestión para proyectos*. La primera centra su atención en el objeto hacia el cual dirige su interés el proyecto, mientras que la segunda utiliza el proyecto como una metodología apropiada para introducir los cambios deseados en la gestión de una unidad organizacional. En general, la gestión para proyectos es una preocupación de la alta dirección, mientras que la gestión de proyectos se dirige a los gestionarios del proyecto. La gestión de proyectos descansa sobre la puesta en práctica de un paso que se apoya sobre un proceso propio del ciclo de vida de un proyecto.

Tradicionalmente, el término *gestión* se ha asociado con el acto y efecto de administrar el funcionamiento de un sistema organizacional, y a diferencia del campo educativo se inscribe en un campo regido por los principios económicos de costos/beneficios e inversión/rentabilidad, que tienen significados diferentes en la educación. Salvo que la educación adopte, como muchas veces lo ha hecho, la terminología propia del campo empresarial y económico, ésta carece de un término que establezca las diferencias entre dos significados: uno general y otro específico. En el primer caso, el proyecto es apenas un esbozo o quizás un deseo; en cambio, en el segundo, es una guía para la acción.

Según Vincent Giard, cualquiera que sea la naturaleza específica de una gestión de proyecto, es posible reducir su realización a un universo de tres dimensiones:

- *La dimensión técnica:* donde existe preocupación por la calidad del proyecto.
- *La dimensión tiempo:* donde se centra la atención en el tiempo que se requiere para realizar el proyecto.

---

3. CLELAND, David. *System Analysis and Project Management.* McGraw-Hill, Third Edition, USA, 1983.

- *La dimensión costos:* donde hay preocupación por el esfuerzo que se requiere para realizar el proyecto; en el caso económico, la unidad monetaria se convierte en el denominador común para medir este esfuerzo. Estos costos se pueden referir a la dimensión tiempo o técnica, y particularmente a dificultades encontradas, o a excesos o errores de estimación.

Tipos y modalidades de proyectos

Cada disciplina o área del conocimiento parece tener su propia forma de ver y de percibir un proyecto; de ahí la gran cantidad de criterios que existen, en las ciencias sociales y en las ciencias naturales, en el momento de clasificar los proyectos, clasificación que muchas veces no escapa a la influencia de los propios paradigmas cuantitativos y cualitativos. Algunos autores clasifican los proyectos según sus finalidades; otros, de acuerdo con el tiempo que separa la ejecución de los procesos de la obtención de los resultados. En cambio, otros reducen la clasificación a dos categorías básicas: los sociales y los económicos, según se relacionen o no con la producción. Para los franceses Chervel y Le Gail, los proyectos económicos y sociales se pueden clasificar según sus características de la siguiente manera:

A. *Según la naturaleza de los bienes o servicios producidos*
    - Proyectos de producción de bienes materiales (proyectos agrícolas, mineros, energéticos, industriales, etc.).
    - Proyectos de producción de servicios (proyectos de transporte, de telecomunicaciones, de construcción de vivienda, de educación, de salud, etc.).

B. *Según la clase de consumo a que da lugar el producto*
    - Proyectos de producción destinados a la demanda interna (fábrica de cemento, cervecería, etc.) y proyectos de exportación (cultivo de algodón, fabricación de conservas o de jugo de frutas, etc.).
    - Proyectos económicos (explotación de un yacimiento minero, fábrica de textiles, etc.) y proyectos sociales (salud, educación, etc.).
    - Proyectos de producción de bienes comercializables (plantación de café, de maní, etc.) y proyectos de producción de bienes no comercializables (proyectos de autoconsumo).

Clasificación en relación con el tiempo que separa la ejecución de los procesos de la obtención de los resultados

    - Proyectos de producción inmediata (industriales).
    - Proyectos de producción diferida (reforestación, embalses, etc.).
    - Proyectos que suponen una inversión importante (intensivos en capital, larga duración de vida, etc.).
    - Proyectos que exigen una inversión moderada.

- Proyecto puntual (industrial) y proyecto de desarrollo regional.
- Proyecto puntual y proyecto de una red de escuelas a nivel rural (ejecución simple, resultados complejos, etc.).

En el campo de las ciencias sociales tradicionalmente, se hace referencia al carácter, la naturaleza y el tipo de proyecto, con lo cual se busca realizar una clasificación que permita organizar todas las variantes y modalidades en este terreno. El *carácter del proyecto* se refiere a si éste es considerado como económico o social. Será de carácter económico si su objetivo es producir un bien, un valor o un servicio que demande un beneficio económico. Será de carácter social si este valor o una parte de éste tiene un propósito social, o sea, busca satisfacer un conjunto de necesidades de un grupo, una organización, una institución o un área territorial. La *naturaleza del proyecto* tiene que ver con la esencia y la propiedad característica del proyecto, pero fundamentalmente con la naturaleza y prioridad del problema que se pretende resolver. En este terreno nos encontramos con proyectos que pueden ser de *instalación* o *implantación* de un conjunto de bienes, y de *operación*, caso en el que se entra a racionalizar los elementos que intervienen. La *categoría del proyecto* hace referencia a las áreas o disciplinas que abarcan o incluyen:

a.   Producción de bienes (extracción y transformación).
b.   Infraestructura (comunicaciones, transporte, energía, etc.).
c.   Prestación de servicios (institucionales y profesionales).
d.   Mejoramiento de los niveles y de la calidad de vida (educación, cultura, nutrición, deportes, etc.).

Pero además de las clasificaciones que dividen a los proyectos según la naturaleza de los bienes o servicios producidos, y según la clase de consumo a que da lugar el producto, nos encontramos con proyectos destinados a satisfacer las demandas *externas* e *internas* o cuyos bienes son *exportables* o *no exportables*.

El tiempo que separa la ejecución de los procesos de la obtención de los resultados se constituye en un factor de clasificación, ya que aquí podemos identificar los proyectos que exigen algunos resultados inmediatos y aquellos de producción diferida, o a largo plazo, los cuales pueden ser adecuados para otro tipo de exigencias. De igual manera, la estructura y el desarrollo de un proyecto cambian si éste posee mayor o menor grado de complejidad, porque es muy diferente un proyecto que apunta hacia un objetivo específico que aquel que busca el desarrollo regional o nacional de un amplio sector.

En el contexto de la planeación y de la programación también se habla de tipos de proyectos, que se definen en función de quien ha sido el gestor; por ejemplo: proyectos provenientes de empresas privadas, cuya meta fundamental es la búsqueda de utilidades, o proyectos que emergen de los sectores públicos o estatales, cuyos objetivos, en la mayoría de los casos, son satisfacer una necesidad o asegurar la prestación de un servicio público. En un plano más general se habla de los *proyectos históricos* que, para algunos, tienen un significado más teórico que real, los cuales están más cercanos a un tipo de proyecto nacional o a un modelo general de desarrollo que a un proyecto específico. En la formulación de un proyecto histórico existe una fundamentación más política e ideológica que técnica.

Dentro de las modalidades más específicas hay que destacar los proyectos de desarrollo, los cuales se ubican en el campo particularmente económico y social. Si bien existen a nivel del diseño y realización de un proyecto, algunos acuerdos entre los autores, no sucede lo mismo cuando se trata de definir la noción de *desarrollo*, una palabra mágica que se ha convertido en un mito poderoso en nuestros sistemas económicos y sociales, y cuyo análisis nos apartaría del tema que nos ocupa.

GUÍA PARA LA PRESENTACIÓN Y ELABORACIÓN DE PROYECTOS

A pesar de que los planificadores e investigadores sociales coinciden en muchos aspectos que tienen relación con las etapas y fases propias del proceso de elaboración y presentación de un proyecto, en general son numerosas las propuestas y alternativas que existen en este terreno. Cambian los modelos y esquemas de presentación según el área donde se actúe o los propósitos que motiven el proyecto. Son muy diferentes un esquema propio de un proyecto económico del de uno pedagógico, y un proyecto de servicio de uno que busca resultados y logros muy específicos. Pero a pesar de sus diferencias, existen algunos denominadores comunes que se repiten en cada una de estas propuestas. El investigador y trabajador social argentino Ezequiel Ander-Egg sugiere la siguiente guía para el diseño y la elaboración de proyectos.

1. Denominación del proyecto.
2. Naturaleza de proyecto.

2. 1.   Descripción del proyecto (qué se quiere hacer).

2. 2.   Fundamentación o justificación (por qué se hace, razón de ser y origen del proyecto).

2. 3.   Marco institucional (organización responsable).

2. 4.   Finalidad del proyecto (impacto que se espera lograr).

2. 5.   Objetivos.

2. 6.   Metas.

2. 7.   Beneficiarios (cuánto se quiere hacer, servicios que se prestarán y/o necesidades que se cubrirán).

2. 8.   Beneficiarios (destinatarios del proyecto: a quiénes va dirigido).

2. 9.   Productos (resultados de las actividades).

2. 10.   Localización física y cobertura espacial (dónde se hará y qué abarcará).

3.   Especificación operacional de las actividades y tareas por realizar (con qué acciones se generan los productos y actividades necesarios).

4.   Métodos y técnicas por utilizar (modalidades de operación).

5.   Determinación de los plazos, o calendario de actividades (cuándo ocurrirá).

6.   Determinación de los recursos necesarios (quiénes y con qué realizarán el proyecto: insumos).

6. 1.   Humanos.

6. 2.   Materiales.

6. 3.   Técnicos.

6. 4.   Financieros.

7.   Cálculo de los costos de ejecución o elaboración, del presupuesto.

7. 1.   Costo del personal.

7. 2.   Dietas y viáticos.

7. 3.   Locales.

7. 4.   Material y equipo.

7. 5.   Gastos de funcionamiento.

7. 6. Beneficios.

7. 7. Costos.

8. Administración del proyecto.

8. 1. Organigrama.

8. 2. Funciones del personal.

8. 3. Mecanismos de control.

8. 4. Sistemas de evaluación interno y externo.

8. 5. Canales de información.

9. Indicadores de evaluación del proyecto.

9. 1. Independencia.

9. 2. Verificabilidad.

9. 3. Validez.

9. 4. Accesibilidad.

10. Factores externos condicionantes, o prerrequisitos para el logro de los efectos y del impacto del proyecto.

A diferencia de la anterior guía, para el ILPES tienen una importancia fundamental las *etapas anteriores a la presentación del proyecto,* ya que aquél parte del supuesto de que la finalidad del proyecto, como documento de análisis, es aportar elementos de juicio para tomar decisiones sobre su ejecución o sobre el apoyo que se le debería prestar a su realización. Para ello se deben analizar los problemas técnicos, económicos, financieros, administrativos e institucionales previos al proyecto y se sugieren las siguientes etapas:

* Identificación de la idea.
* Anteproyecto definitivo o estudio de factibilidad.
* Alternativas de solución técnica, económica, financiera y social.
* Diseño del proyecto.
* Plan de ejecución del proyecto.
* Evaluación del proyecto.
* Toma de decisiones

Para su financiación de los proyectos vinculados al campo de la innovación y el desarrollo tecnológico en los sectores productivos, Colciencias les exige el siguiente formato a los proyectos:

- Pertinencia del proyecto con la estrategia de competitividad de la empresa.
- Objetivo de desarrollo del proyecto.
- Objetivos específicos del proyecto.
- Metodología del proyecto.
- Esquema organizacional del proyecto.
- Análisis de riesgos comerciales y tecnológicos del proyecto.
- Grupo ejecutor del proyecto (nombre, profesión, nivel de formación y experiencia profesional).
- Innovación y desarrollo tecnológico del proyecto.
- Contribución del proyecto a la innovación o al desarrollo tecnológico.
- Aprendizaje tecnológico generado por el proyecto.

Para la presentación de proyectos de investigación científica y tecnológica, Colciencias sugiere el siguiente formato:

1. Información general del proyecto.
2. Resumen ejecutivo.
3. Descripción del proyecto.
   3. 1. Planteamiento del problema.
   3. 2. Impacto esperado.
   3. 3. Usuarios potenciales directos e indirectos de los resultados de la investigación.
   3. 4. Marco teórico. Nivel actual de desarrollo.
   3. 5. Objetivos.
   3. 6. Metodología propuesta.
   3. 7. Resultados esperados.
   3. 8. Estrategia para la transferencia de los resultados

24

(conocimiento básico aplicado o tecnología) a los usuarios potenciales.

3. 9.   Estrategia de comunicación.

3. 10.   Trayectoria del grupo investigador y presentación del equipo de investigadores.

3. 11.   Cronograma de actividades.

3. 12.   Consideraciones adicionales que deben ser tenidas en cuenta por los investigadores para elaborar su propuesta.

4.   Presupuesto.

4. 1.   Fuentes de financiación.

4. 2.   Rubros No financiables.

4. 3.   Rubros financiables.

5.   Tablas de presupuesto.

Ya en el terreno de la gestión de proyectos, nos encontramos con numerosas propuestas, entre las cuales hay que destacar la del francés Ives Poulin que recomienda el siguiente ciclo de vida para un proyecto:

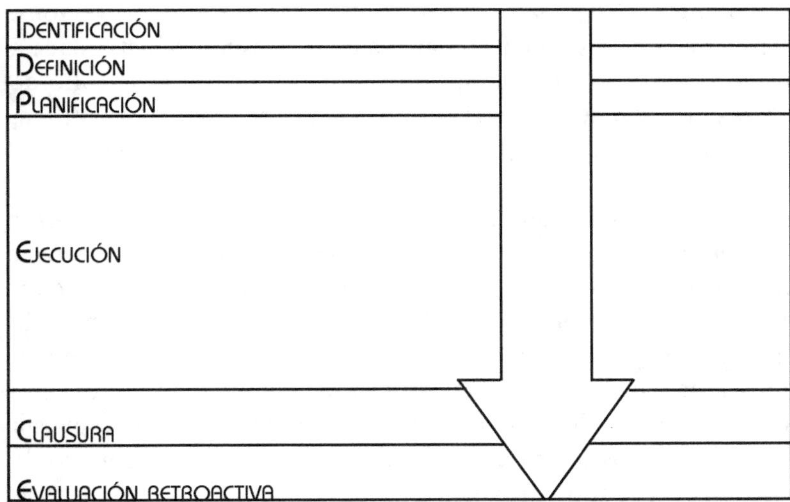

Poulin recomienda que en cada una de estas fases se elabore un documento para evitar las discontinuidades en el ciclo de vida del proyecto. La primera fase es la que se denomina *memoria de identificación,* que es la evaluación estratégica del proyecto y que se constituye en una especie de tamiz de propuestas del proyecto. La *fase de definición* del proyecto incluye las conclusiones del estudio de factibilidad que servirá para la selección eventual del proyecto. En la *fase planificación operacional* se realiza el Plan de Ejecución del proyecto en el que se incluye una descripción de los mecanismos que se deben activar para realizar y controlar el proyecto. La *fase de ejecución* está jalonada por etapas marcadas por la producción de informes parciales sobre el desarrollo de las actividades y la actualización de la planificación. La *clausura del proyecto* incluye un informe final de su realización.

Independientemente de los nombres que se le asignen a cada etapa y al orden que se adopte en cada caso, no hay duda de que los componentes de un proyecto no escapan a ciertos criterios de organización y de estructuración lógica ya convencionalizados en nuestro medio, pues cualquiera que sea el tipo de modalidad que se adopte, ésta debe poseer un mínimo de *coherencia, unidad, continuidad, precisión* y *claridad*; de lo contrario, el proyecto se convierte en una suma desordenada e incoherente de actividades. Tampoco la estructura de un proyecto es ajena al desarrollo de ciertas operaciones mentales propias del conocimiento científico, que a la postre son las que determinan el corpus del proyecto.

Existe en la actualidad un método denominado *pedagogía de las preguntas,* muy utilizado en estos casos y que permite obviar cualquier esquema o clasificación rígida en este campo, y adaptarse a las condiciones específicas de cada terreno. En la medida en que se vaya respondiendo a un conjunto de preguntas, se van determinando el curso, el lugar y los procedimientos del proyecto. Veamos algunas de las operaciones que ayudarán a dar respuesta a los numerosos interrogantes que se plantean en el momento de diseñar y realizar un proyecto.

A.   ¿QUÉ HACER?

Aquí se busca señalar los valores y los principios que inspiran y guían la acción. Esta pregunta es el fundamento de la acción y, al mismo tiempo, el modelo por alcanzar, en cuanto que proporciona reglas para la acción y una jerarquía de valores. Inquiere por la identidad, naturaleza o determinación de algo.

B.   ¿PARA QUÉ HACERLO?

Naturalmente, lo que se haga tiene un sentido, un destino o una utilidad, que en la mayoría de los casos podría ser la solución de un problema o la satisfacción de una necesidad. Es decir, el "para qué" se relaciona con los objetivos que se plantea el proyecto.

C.   ¿POR QUÉ HACERLO?

Es la medida de la justificación del proyecto y remite necesariamente a una explicación que señale la importancia, el significado, la viabilidad y el interés que tiene el proyecto, y el motivo que lo determinó.

Estos interrogantes hacen parte de y tienen relación con la causa o el motivo por el cual yo adelanto o realizo el proyecto. Aquí se trata de especificar los antecedentes que fundamentan y justifican no sólo el proyecto en sí sino también el proceso y las estrategias que se utilizarán para ejecutarlo.

D.   ¿CÓMO HACERLO?

Aquí se incluyen todas las actividades, tareas y trabajos que se realizarán como parte de un método y de un plan de acción, y de acuerdo con los objetivos, metas y logros que se señalen en cada caso.

E.   ¿Dónde hacerlo?

El lugar o el sitio donde se adelantarán las actividades que hacen parte del proyecto es fundamental para los propósitos de éste, ya que no todos los sitios son adecuados para alcanzar los fines propuestos. Pero este punto no sólo se refiere al lugar físico donde se desarrollará el proyecto, sino en general al contexto donde se ubica, o sea, todo lo que rodea y enmarca física, social, económica y culturalmente el proyecto y las actividades propias de éste.

F.   ¿Qué magnitud tendrá?

Aquí se entra a delimitar el volumen y el alcance cuantitativo del proyecto, su profundidad, el tipo de servicios que prestará o las necesidades que se propone satisfacer.

G.   ¿Cuándo se hará?

El "cuándo" se refiere al tiempo que se requiere para llevar a la práctica el proyecto, el cual necesariamente estará sujeto a un control y a una delimitación cronológica determinada.

H.   ¿Quiénes lo harán?

La pregunta se refiere al equipo de trabajo que pondrá en práctica las diversas actividades del proyecto. Se debe saber qué requisitos y preparación exige el proyecto al personal que participará en él.

I.   ¿Con qué medios y recursos se hará?

Si bien hace alusión a los medios en general, esta pregunta busca precisar los recursos humanos, económicos y financieros que se requieren para la realización del proyecto.

Este conjunto de interrogantes resume los aspectos fundamentales de un proyecto, pero no necesariamente aquello que puede ser útil en el momento de diseñar y llevar a la práctica un proyecto.

28

Veamos con detalle cada una de las fases y los pasos que, según algunos importantes documentos publicados sobre el tema, como los del ya mencionado Instituto Latinoamericano de Planificación Económica y Social (Ilpes), los de la Fao, los del Icontec y los de otras instituciones y autores, se constituyen en pautas básicas para la elaboración y el diseño de proyectos, independientemente de que pertenezcan a las áreas social, económica o educativa.

1. Denominación o título

Quizás parezca una preocupación secundaria pensar en el título antes de adelantar el proyecto, pero, a juicio de los expertos, éste tiene el valor no sólo de aportar datos e información sobre el tema, el problema o las instituciones que participan en el proyecto, sino que también sirve como factor de motivación, inducción o incitación para quienes son ajenos al mismo. A la vez constituye un instrumento que permite unificar temática y metodológicamente el proyecto.

En general, el título nos presenta una idea clara y precisa del problema fundamental del proyecto. En un comienzo se puede formular en forma tentativa, y al finalizar se puede cambiar por uno más declarativo o afirmativo. Es importante que el título no se preste a engaño y que su lectura no dé una idea equivocada del proyecto que se adelanta. Tradicionalmente se habla de tres modalidades para formular un título:

- *Por síntesis,* en la que se condensa y se sintetiza la idea central del proyecto.
- *Por asociación,* cuando el título se relaciona con otra idea u otras ideas vinculadas con el proyecto. O sea, sugiere indirectamente algunos aspectos fundamentales del proyecto, pero no es lo suficientemente explícito como para dar margen a una comprensión global de los contenidos del proyecto.

- *Por antítesis u oposición,* con la que se presenta todo lo contrario de lo que va a desarrollarse en el proyecto. O sea, el título plantea lo opuesto o lo contrario a la idea o las ideas fundamentales del proyecto, cuidando que esta contrastación quede lo suficientemente clara; de lo contrario puede confundir a las personas.

El título cumple tres funciones básicas en un proyecto:

- Diferencia el proyecto de cualquier otro.
- Caracteriza temáticamente el proyecto.
- Enuncia el contenido del proyecto.

Si se desea o si se necesita, se puede incorporar un subtítulo que sirva de complemento al título y que pueda aclararlo o ampliarlo.

2. Caracterización del proyecto

No es fácil, al comienzo de un proyecto, tener una visión panorámica y general de un proceso que aún no se ha desarrollado. Por eso, para caracterizar o explicar la naturaleza de un proyecto, se requiere agregar algunos aspectos que ayuden a esta tarea. Ello nos obliga a incluir numerosos pasos que hacen parte de un proyecto y que a la postre sirven para caracterizarlo y definirlo, por lo menos a nivel teórico. Aquí se incluirán:

- Identificación.
- Justificación.
- Marco institucional, social y teórico.
- Finalidad.
- Objetivos, propósitos, logros y metas.
- Destinatarios.
- Productos, resultados y efectos.
- Cobertura y contexto físico o geográfico, social y cultural.

A.   IDENTIFICACIÓN

Identificar un proyecto es tener una idea completa de su naturaleza, carácter, categoría, tipo y finalidad, lo cual se logra a través de una descripción amplia de éste, definiendo y caracterizando la idea central de lo que se pretende realizar. Esta identificación inicial es muy importante para que los participantes tengan información completa del mismo. Además posibilita tener una concepción total y general del proyecto.

B.   JUSTIFICACIÓN

La justificación tiene el propósito de indicar o describir el por qué del proyecto, y la importancia del problema que se busca resolver. De igual manera, si es viable, o sea, si es posible desarrollarlo aunque en las etapas anteriores al proyecto se adelantan estudios de factibilidad que hacen posible definir este aspecto y que se analizarán en otro capítulo. Se trata de probar, con argumentos técnicos y científicos, que:

- Existe una necesidad que debe ser satisfecha.
- Existe un problema que debe ser solucionado.
- El proyecto va a satisfacer la necesidad y a resolver el problema.
- Estas necesidades y problemas tienen prioridad sobre otros, y se justifica incluirlos como tales.
- Existen argumentos políticos, sociales, económicos, técnicos y humanos que justifican que se conceda prioridad a la solución de estos problemas y a la satisfacción de estas necesidades.
- La trayectoria y las estrategias del proyecto son las adecuadas.
- Existen los recursos humanos y económicos para realizar el proyecto.

*   El problema se justifica, con base en un diagnóstico o estudio previo de la situación.
*   Se cuenta con el tiempo necesario para realizarlo.

Operativamente, uno de los argumentos más sólidos que se pueden esgrimir como fundamento de esta justificación son los resultados de un diagnóstico de la realidad donde se ubica el proyecto, y un estudio de prefactibilidad y factibilidad. Ellos son garantía de la utilidad, la efectividad y los alcances de un proyecto.

c.   Marco institucional, social y teórico

Cuando el proyecto es de origen institucional, tiene enorme importancia el marco general de la entidad, ya que va a tener gran utilidad la información que se aporte sobre la organización responsable del proyecto. Naturalmente, esta información se obvia cuando el proyecto se ejecuta en el seno de la organización que lo promueve y lo realiza; en cambio, tiene preeminencia cuando el proyecto se efectúa en el marco de otra organización o institución. Es particularmente es útil toda la información que tiene que ver con las políticas y prioridades de la organización, las relaciones con otras instituciones, etc.

Pero si el proyecto no es propiciado por una organización claramente identificada, sino por un grupo de personas de la comunidad, o por estudiantes y docentes de una institución, tendría mayor significado un marco social que se refiera a los aspectos económicos, organizativos, institucionales, políticos, etc., de la comunidad en general. Sobre todo, en el caso de que el proyecto se constituya en una experiencia participativa y compartida por la comunidad.

d.   Finalidad

No existe acuerdo entre los expertos sobre la necesidad de definir algunas finalidades específicas en un proyecto, porque una finalidad última puede convertirse en una *camisa de fuerza* que obliga al proyecto a someterse rigurosa y mecánicamente a ella. Esta modalidad puede ser perfectamente válida para los proyectos pequeños y que poseen independencia con relación a otros niveles, o si determinado proyecto hace parte de un plan o de un programa más amplio. Esta finalidad puede ser importante para orientar el proyecto y evitar que se produzcan desfases con relación a los planes y programas de los cuales hace parte. En algunos casos no hace falta incluir finalidades diferentes a las propias de los planes y programas, ya que se encuentran expresadas en éstos. Como se verá, más importancia y precisión poseerán todos los aspectos que tienen relación con los objetivos, metas, logros y propósitos del proyecto.

E. OBJETIVOS, PROPÓSITOS, LOGROS Y METAS

No hay duda de que los objetivos son aspectos clave en cualquier tipo de proyecto, ya que sin ellos es imposible saber para qué se hace un proyecto y qué se espera obtener al culminar su desarrollo.

No existen diferencias entre los objetivos generales y específicos propios de una investigación científica y los propios de un proyecto. El término ha sido definido de forma muy diferente, pero la explicación más generalizada es aquella que nos habla de un objetivo como de un enunciado claro y preciso de las metas y los propósitos que persigue. El qué y el para qué caracterizan sustancialmente los objetivos"[4]. En la mayoría de los casos, en el terreno de los proyectos, los objetivos se expresan como resultados finales y no como tareas o actividades que hacen parte de un proceso, como en el caso de la investigación científica.

---

4. CERDA, Hugo. *Elementos de la investigación.* El Búho, Bogotá, 1991.

El término *objetivo* no tiene un significado único. Veamos algunas acepciones que tiene, no sólo en el contexto de los proyectos sino también en el de la investigación científica. Un objetivo puede ser:

- Una meta.
- Un propósito.
- Un punto central de referencia.
- Un producto.
- Un logro.
- Un fin.

Al decir que un objetivo es una meta, estamos afirmando que se trata de un fin hacia donde se dirigen las acciones o deseos de una persona o, en este caso, de un proyecto. Es un propósito porque implica una intención y una mira, y para ello se requiere que se convierta en un punto central de referencia que permita entender la naturaleza específica de las acciones por realizar. De igual manera, un objetivo se convierte en un producto, o sea, en el resultado de un trabajo o de una actividad.

No hay que olvidar que estos productos o resultados deben responder a los objetivos propuestos; de lo contrario, el proyecto no habrá cumplido lo que se propuso. Alcanzar o conseguir algo que se desea o se intenta se transforma en un logro, y de igual manera se busca alcanzar un fin, es decir, conseguir algo bien definido y perseguido intencionalmente.

Algunos autores destacan las diferencias que existen entre una finalidad y un objetivo, ya que para ellos la primera busca necesariamente producir un impacto dentro de una población determinada, mientras que a un objetivo sólo le interesa producir un efecto. Un impacto puede generar un cambio o una transformación y también dejar una huella como resultado. En la vida cotidiana, un efecto es algo que, producido por una situación, un acontecimiento o una acción golpea a un individuo. En cambio, el efecto lo relacionamos con el resultado o la consecuencia que produce un acto.

Tradicionalmente se ha hablado de los objetivos generales y específicos que señalan una dirección en cualquier tipo de proyecto. Un objetivo general, como su nombre lo indica, engloba todo un conjunto de metas, logros y fines del proyecto, y para que se exprese en el enunciado de los objetivos, éstos deben abarcar una amplia gama de contenidos, conceptos e información. En los objetivos específicos se señalan puntualmente las acciones que se llevarán a cabo en el proyecto, los medios que se utilizarán y el porqué o para qué se realizarán, así como qué logros o resultados se aspira alcanzar.

¿Existen criterios para formular objetivos de un proyecto? En la práctica no existe ninguna fórmula precisa, pero sí algunas recomendaciones generales que pueden ayudar a formularlos. Los expertos afirman que un objetivo bien formulado es aquel que logra transmitir lo que realmente intenta realizar o alcanzar el proyecto. También recomiendan que se evite la inclusión, en un solo enunciado, de muchos objetivos, particularmente específicos, ya que plantearse muchas metas, fines, logros o propósitos puede confundir a las personas que trabajan en un proyecto.

Los objetivos son básicos y fundamentales en cualquier proyecto. Si se cumplen a cabalidad los objetivos específicos, se supone que se han alcanzado las metas señaladas por éstos, y que se habrá resuelto el problema formulado.

La diferencia entre un objetivo propio de la investigación y otro relacionado con un proyecto es que tienen un carácter más operativo, es decir, hay que traducirlos en logros específicos, indicando cuánto se quiere lograr con la realización del proyecto, dentro de un tiempo determinado y en un medio también delimitado.

Ello quizás nos enseña que las metas operacionalizan los objetivos, definiendo el el con cuándo, cuánto y el dónde se realizarán éstos.

Según el carácter, la naturaleza, la categoría o el tipo de proyecto, cambia sustancialmente el destinatario. Un proyecto puede involucrar a personas de distintos sexo, condición socioeconómica, edad, actividad laboral, nivel cultural o educativo, estratificación profesional, etc. El tipo y la composición de la población destinataria de los proyectos son tan variados y diferentes como lo son los propios proyectos. Por lo general, la composición y distribución de la población se realizan desde el punto de vista social, económico, biológico, cultural o educativo, lo cual nos permite visualizar toda la amplia gama de población que puede constituirse en objeto de un proyecto.

- *Distribución por sexos*: hombres y mujeres.
    * Sexo-trabajo: población en edad de trabajar y en edad no laboral.
    * Sexo-economía: población productiva y no productiva.
    * Sexo-educación: preescolar, primaria, secundaria y universitaria.
    * Sexo-realidad social: población dependiente y no dependiente
    * Sexo-biología: población en edad de procrear e impúber.

- *Distribución según el origen*: nacionales y extranjeros, nativos y migrantes.

- *Distribución según la composición étnica*: indígenas, mestizos, blancos, negros, etc.

- *Distribución según el estado conyugal*: casados, solteros, relacionado de hecho, separados y divorciados.

- *Población urbana y rural.*

- *Población económicamente activa y no activa.*

- *Distribución por sectores económicos.*
  * De producción.
  * De elaboración.
  * De servicios.

- *Distribución según ocupación* (profesión, oficio, clase de trabajo).

Naturalmente, el carácter, la naturaleza, la categoría o el tipo de proyecto varían según la población involucrada, porque cada caso exige un enfoque y una visión diferente, a nivel técnico y metodológico. Cada uno de estos sectores vive sus propios problemas y tiene necesidades específicas.

G. PRODUCTOS, RESULTADOS Y EFECTOS

Según los expertos, es imposible distanciar los objetivos, los logros o metas de un proyecto de sus propios productos o resultados. Concretamente, no se justificaría un proyecto que no alcanzara los resultados y productos esperados. Es muy simple: se alcanzan los objetivos y las metas si se obtienen los productos y resultados esperados, y viceversa.

En muchos casos se confunden los objetivos, las metas y los productos, olvidando que una cosa producida es exclusivamente el resultado de un trabajo o de una operación determinada. Aquéllos son instancias inseparables, ya que es imposible pretender conocer una de estas categorías si no se conoce la otra. Ello se puede percibir cuando se tiene por objetivo conocer el efecto y el impacto en la población de un producto determinado.

Si bien generalmente un producto se define como el resultado de un trabajo o de una actividad determinada, son muchas las variantes y los alcances que tiene un producto, porque fácilmente se puede asociar con una obra realizada, el fruto de un trabajo, un provecho, un lucro o beneficio, un rendimiento, un rédito, una utilidad o una renta.

En los proyectos de tipo social o cultural, casi siempre podemos identificar dos tipos de productos:

* Resultados materiales.
* Servicios.

Aquí, los aspectos materiales de una obra pueden ser muy variados, pues pueden referirse a viviendas, escuelas o aulas construidas como parte de un proyecto que tiene como objetivo este tipo de productos materiales. Una vez realizadas estas obras, se agota el sentido del proyecto. Tradicionalmente, el concepto servicio se ha relacionado con todas aquellas acciones o actividades que buscan o tienen por propósito la satisfacción de las necesidades de las personas. Se trata de una actividad humana no productiva, en el sentido económico, pero que busca satisfacer necesidades y resolver problemas, con el propósito de mejorar las condiciones de vida de las personas destinatarias de los servicios. Muchas veces, los servicios se presentan bajo la forma de bienes materiales, pero su objetivo no es la consecución como tal de éstos sino la ayuda o el beneficio que prestan.

A nivel económico, los servicios se concretan a través de bienes de capital o de producción, los cuales son capaces de generar bienes u otros servicios que son el producto, en el sentido corriente de este término. Resultan, del proyecto, ciertos efectos sobre el sistema económico, que se traducen en cambios en las relaciones, condiciones y situaciones que caracterizan el funcionamiento del sistema. En el campo económico se denominan resultados del proyecto tanto a sus productos como sus efectos, los que a la postre se consideran como aspectos inseparables de una misma actividad. O sea, existe una clara diferencia entre los alcances que tiene un producto que no produzca un cambio o una transformación en una población determinada y los de otro que sí lo hace. Se requiere que ese producto afecte o actúe sobre las personas, es decir, que tenga un efecto sobre esa población. Un error en el que incurren numerosos proyectos en el campo social o educativo es que piensan que sus objetivos se han agotado en el momento en que se genera un producto material, olvidando que ese producto tendrá realmente significado en la medida en que se relacione con los destinatarios y produzca un efecto. Por ejemplo, proyectos destinados a crear una biblioteca en un barrio no se agotan en el momento de inaugurar la biblioteca, porque ésta tendría sentido en la medida en que se inserte en la comunidad y se convierta en promotora de la cultura, de la lectura y de la actividad social del barrio.

En los contextos de las áreas económica, social y educativa con frecuencia se encuentran varios tipos de productos, los cuales están muy relacionados entre sí. Se hace referencia a los productos principales y a los subproductos, que algunos vinculan con la capacidad de un objetivo para abarcar o prever todos los resultados, y que puede en ocasiones limitarse a la obtención del producto directo de la actividad planeada, olvidándose otros aspectos que puedan surgir adicionalmente, y que en economía se denominan subproductos. Éstos, en muchos casos, llegan a ser tan importantes como los mismos productos principales. Por ejemplo, en un colegio se desea adelantar un proyecto que busca mejorar el nivel lector en la población infantil y se propone la creación de una biblioteca escolar. El efecto y el impacto que tiene en la población escolar la creación de la biblioteca puede generar y descubrir nuevos aspectos de un problema que no se reduce estrictamente al plano pedagógico, sino

que se relaciona con otros aspectos sociales, económicos, técnicos
e institucionales no previstos, los cuales, en muchas oportunidades,
pueden considerarse como subproductos.

También se habla de productos sustitutivos o similares que, si
bien no son estrictamente aquellos que los objetivos o metas nos
señalan, cumplen funciones similares a las previstas o planeadas.
O sea, cumplen funciones similares y prestan los mismos servicios
que aquéllos señalados previamente. Finalmente se mencionan
los productos complementarios, los cuales sirven de apoyo a los
productos principales. Muchas veces, los productos citados no sa-
tisfacen plenamente las expectativas y aun las propias necesidades
de los destinatarios; entonces otros complementan y refuerzan la
función de los productos principales.

H.   COBERTURA Y CONTEXTO FÍSICO O GEOGRÁFICO, SOCIAL Y CULTURAL

En un proyecto, la delimitación física, espacial o temática ocupa
un lugar importante en el diseño y la planeación de éste. Delimitar
el proyecto es analizar la viabilidad de su desarrollo. No se puede
arriesgar un proyecto al fracaso por no haber precisado previamente
sus límites físicos y su cobertura, los cuales están relacionados con
los recursos disponibles, los costos, el tiempo con que se cuenta,
etc. Algunos expertos en el tema rechazan la alternativa de un
macroproyecto, porque a su juicio ello desvirtúa la verdadera naturaleza de un proyecto, que se focaliza en un área determinada,
en un tiempo reducido y con objetivos muy precisos. Un proyecto
de cobertura amplia y que exija mucho tiempo para realizarlo es
preferible insertarlo en el contexto de un plan o de un programa.
Este tipo de delimitación puede tener muchas variantes:

*   *Delimitación en relación con el tiempo:* que se refiere a
    su ubicación en el pasado, presente o futuro, es decir, con
    definir los estadios cronológicos en los que se desarrolló, se
    desarrolla o podrá desarrollarse el proyecto.

40

- *Delimitación en relación con el espacio:* que nos indica el lugar o el espacio geográfico, físico, social, cultural o económico en sí. Algunos, para evitar que el concepto espacio sólo se asocie con lo físico, se refieren al contexto.
- *Delimitación en relación con los recursos disponibles:* que implica ver hasta qué punto se cuenta con los recursos económicos y financieros necesarios para desarrollar un proyecto demasiado extenso o complejo. Es sabido que la mayoría de las instituciones exigen documentos que permiten juzgar la capacidad técnica, financiera y administrativa de las entidades responsables de ejecutar un proyecto. De ahí la necesidad de delimitar todos aquellos aspectos que posteriormente se pueden convertir en un dolor de cabeza para las personas que trabajen en un proyecto.

3. EL RÉGIMEN OPERACIONAL

Indudablemente, la ejecución de cualquier proyecto presupone la elaboración de un plan de ejecución que establezca, en forma detallada y cronológica, la secuencia de actividades que corresponden a la fase de ejecución del proyecto. Se trata de proponer, según un esquema viable y coherente, el desarrollo del mismo en función del tiempo, de la movilización de todos los requisitos del proyecto —físicos, materiales, humanos, institucionales, técnicos y financieros— en la medida en que se hagan necesarios. Según el ILPES, *la realización de las tareas que en un conjunto han de concretar el proyecto depende de dos tipos de restricciones: las relacionadas con el encadenamiento necesario de ellas mismas (o sea, con la lógica interna de la ejecución del proyecto) y las que se refieren a la disponibilidad de los requisitos externos del proyecto. El plan de ejecución debe tener en cuenta y distinguir ambos tipos de restricciones y plantear su coordinación adecuada, y el plazo total de la ejecución compatible con ellas*[5].

La realización de un proyecto implica la ejecución secuencial e integrada de diversas tareas, las cuales se sintetizan en un plan de trabajo o de ejecución, donde un conjunto de tareas se organizan, ordenan y coordinan en función de un tiempo y un espacio determinados, tareas que naturalmente hay que realizar para lograr objetivos y las metas del proyecto. ¿Cuáles son los aspectos principales que involucra esta etapa operativa?

- Inventario y determinación de las actividades por realizar.
- Distribución de las unidades periódicas de tiempo que hacen parte de una secuencia operativa, donde se especifican todos los aspectos cronológicos y las actividades a realizar.
- Ordenación y sincronización de las actividades con relación al tiempo disponible.
- Indicación de los recursos humanos, económicos y técnicos en las diversas actividades u operaciones del proyecto.

Desde hace muchas décadas se ha venido utilizando la gráfica de Gantt como instrumento de control de los programas de ejecución. En los últimos tiempos se ha desarrollado un método basado en el concepto del camino crítico, definido en la teoría de conjuntos como parte del análisis de los grafos. Esta técnica, conocida por distintas siglas como, por ejemplo, PERT, CMP y otras variantes, se aplica al control en relación con el tiempo de la realización de los grupos de tareas que en su conjunto materializan un proyecto.

Los procedimientos para la elaboración del cronograma, el plan de trabajo o de actividades, como indistintamente se denomina a la actividad propia de programar, de calcular la duración de éstas y de su ejecución, es muy parecido en los diversos tipos de proyectos.

---

5.   ILPES. Ob. cit.

Como ya lo señalamos, se emplean, en la mayoría de los casos, dos tipos de diagramas:

*   Los diagramas de barras, llamados también diagramas de Gantt.

*   Los diagramas de flechas o diagramas de redes, tales como el CMP y el PERT.

El *diagrama de Gantt* consiste en un gráfico de coordenadas cartesianas en el cual las actividades por realizar se listan en el eje de las ordenadas, y el tiempo asignado a ellas que ocupa el eje de las abscisas; las actividades se representan por barras cuya longitud, medida en unidades de tiempo, tales como semanas, meses, trimestres o años, indica su duración.

El *método del camino crítico,* más conocido como método CMP, corresponde a las iniciales de su nombre en inglés: "Critical Path Method". El primer paso para la elaboración de diagramas del método crítico (CMP), al igual que en cualquier diagrama, es la identificación y la lista de las diversas actividades. En segundo lugar se procede a analizar la secuencia lógica que existe entre ellas, respondiendo a las preguntas: ¿Qué actividades preceden? ¿Qué actividades siguen? ¿Cuáles pueden realizarse simultáneamente? Es evidente que, respetando siempre la lógica general de un proceso, se presentan diversas alternativas de programación. Una programación lineal de actividades, casi siempre, significa una mayor duración total del proceso; por esa razón el análisis de la simultaneidad de acciones permite evitar programaciones lineales y, por lo tanto, optimizar los recursos y el tiempo. Para realizar mejor este paso, es conveniente utilizar una tabla de análisis de secuencia. En la columna del centro se coloca la actividad planificada, y en las columnas izquierda y derecha se señalan las actividades que, según la lógica del proceso, sean anteriores o posteriores a ella.

La *técnica* PERT corresponde a las iniciales de "Program Evaluation and Review Technique" (técnica de evaluación y revisión de programas). La forma de diseñar las flechas o redes es semejante a la del CMP, pero la diferencia básica consiste en que en la técnica PERT la duración de cada actividad se calcula matemáticamente. Los demás pasos son idénticos. Con la técnica PERT también se puede calcular la probabilidad de que la programación se cumpla.

El diagrama PERT se diseña en forma semejante al CMP, pero por debajo de la flecha se indican los valores esperados de duración de cada actividad. La ruta crítica y el valor esperado de terminación de los proyectos se calculan siguiendo la técnica de los momentos más tempranos y tardíos, tal como se describió para el método CMP.

CRONOGRAMA DE ACTIVIDADES

(EN MESES)

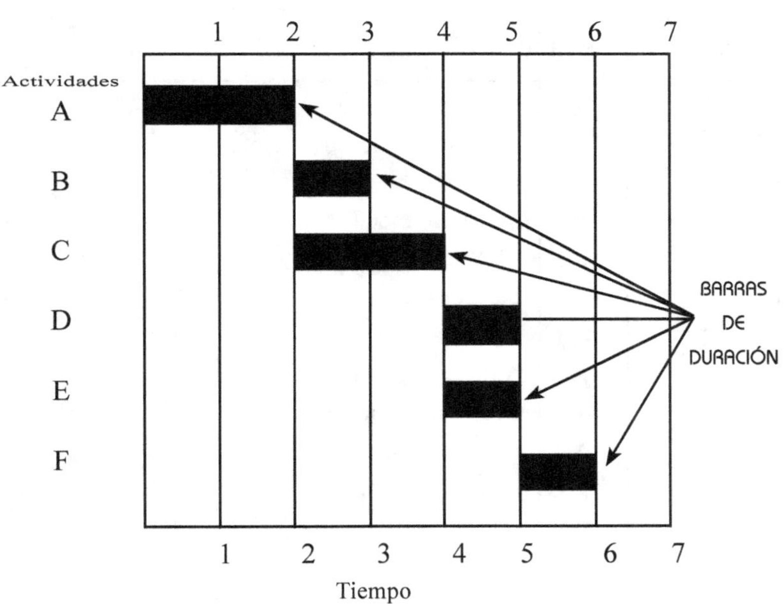

*Diagramas de barras,
también llamados diagramas de Gantt*

El cpm para un proyecto de investigación

Actividades lógicas anteriores	Actividades planificadas			Actividades lógicas posteriores
	Orden	**Detalle**	**Duración**	
-	A	Diseñar encuesta	4	B
A	B	Imprimir formulario piloto	1	C
B	C	Rediseñar encuesta	1	D
C	D	Imprimir encuesta	2	E
D	E	Establecer citas	2	I
-	F	Seleccionar encuestadores	8	I
-	G	Entrenar encuestadores	1	H
G	H	Aplicar encuesta	2	I
E, F, H	I	Codificar información	3	J
I	J	Efectuar análisis	2	K
J	K	Redactar informe	5	L
K	L		3	-

Tabla de análisis de secuencia

- Para optimizar los recursos y el tiempo, y establecer una mejor secuencia lógica de las actividades, es conveniente utilizar esta tabla de análisis de secuencia.
- Aquí, en las actividades lógicas anteriores, se establecen los prerrequisitos necesarios para desarrollar las actividades planificadas.
- Las duraciones de las actividades están dadas en semanas.
- Este análisis de secuencia de actividades es previo a la realización del diagrama de flechas o la red del Cpm.

Diagrama CPM

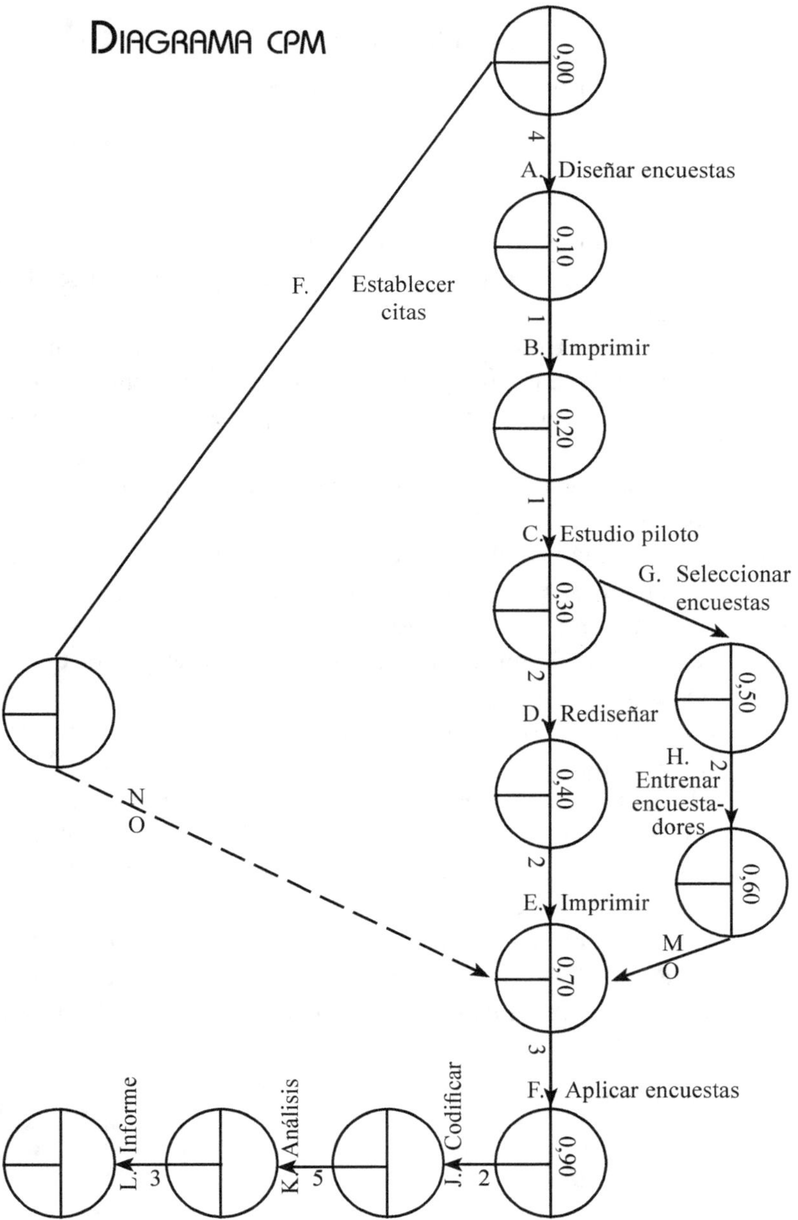

Diagrama CPM
del plan de actividades

- Los círculos representan los eventos.
- Se enumeran con dígitos en la parte superior, dentro del círculo.
- El diagrama Cpm se diseña y se lee de izquierda a derecha, y debe partir de un evento inicial y llegar a un evento final.
- Las flechas que unen dos eventos representan cada actividad.
- Entre dos eventos no puede haber sino una actividad o flecha.
- Las actividades señaladas con las letras M y N son virtuales y están representadas con flechas punteadas.
- Las letras mayúsculas y los números que están junto a las actividades planificadas corresponden al orden y a los tiempos probables de duración.
- La programación de actividades está organizada en forma lineal y lógica, y comprende un total de 34 semanas.
- El orden lineal se puede romper si se desea acortar el tiempo, dividir responsabilidades y realizar actividades paralelas.
- Si se desea ampliar el conocimiento de las técnicas del Pert y el Cpm, se pueden consultar los libros de L.Y. Chuen-Tao, *Aplicaciones prácticas del Pert y el Cpm.* (Deusto. Bilbao, España, 1974) y de J. Figuera, *Técnicas modernas de planificación, programación y control de proyectos Pert-Cpm.* (Saeta. Madrid, 1964).

Programación de actividades según la técnica Pert

Actividades		To	Tm	Tp
A.	Diseñar encuesta	3	4	6
B.	Imprimir formulario piloto	0,5	1	3
C.	Realizar estudio piloto	0,5	1	2
D.	Rediseñar la encuesta	1	2	4
E.	Imprimir formulario definitivo	1	2	5
F.	Establecer citas con personas de la muestra	6	9	10
G.	Seleccionar los encuestadores	0,4	1	2
H.	Entrenar encuestadores	1	2	3,5
I.	Aplicar la encuesta	2	3	5
J.	Codificar la información	1	2	3
K.	Efectuar los análisis	3	5	6
L.	Redactar informe final	2	3	4

Asignación de tiempos en semanas

- Los diagramas de flechas o de redes de la técnica Pert son similares a los de la Cpm. La diferencia básica consiste en que, en la técnica Pert, la duración de cada actividad se calcula matemáticamente. Los demás pasos son idénticos.

- Aquí se incluye una tabla de asignación de tiempos para las actividades, según la técnica Pert. El cálculo de la duración de cada actividad se efectúa con base en tres valores: "tiempo optimista (To)", "tiempo medio probable" (Tm) y "tiempo pesimista" (Tp).

- El diagrama Pert se diseña de forma semejante al Cpm, pero por debajo de la flecha se indican los valores esperados de duración de cada actividad (Vet).

- La ruta crítica y el valor esperado (Vet) del proyecto se calculan siguiendo la técnica de los momentos más tempranos y tardíos.

4. Instrumentos, métodos, técnicas y modalidades de operación

El método, como principio y camino ordenador del proyecto, debe satisfacer algunas condiciones básicas de éste. Veamos las principales:

- Desarrollar un proceso sistemático que permita el trabajo interdisciplinario y la participación consciente de los sectores a los cuales ha sido destinado.
- Tener un conocimiento adecuado de las estructuras socioeconómicas, culturales y educativas de los sectores comprometidos.
- Responder a los problemas básicos del proyecto.
- Contribuir a llevar una propuesta de solución, ejecución y proyección de la misma.
- Ser lo suficientemente flexible para adaptarse a las situaciones cambiantes y diferentes de las previstas en el proyecto.
- Encaminarse a la solución de problemas concretos, puesto que tiene un carácter instrumental y no puede detenerse en inútiles especulaciones y análisis ajenos al proyecto.
- Tener un carácter abierto, en el sentido de que haga posible la integración de numerosos proyectos en un sistema o constelación y evite una interferencia entre éstos.

Uno de los métodos más utilizados, particularmente en los proyectos comunitarios, es el de la investigación-acción participativa, debido a que esta modalidad se caracteriza por que busca conocer y actuar en el contexto de un proceso de cambio o de transformación de la realidad. En este terreno se identifica con muchos aspectos metodológicos del proyecto, pero sin olvidar que éste es, en lo

esencial, un proceso operativo que comporta actividades investigativas de tipo participativo*.

Naturalmente varían de manera sustancial los medios, instrumentos
y procedimientos utilizados en un proyecto de tipo social o educativo, en comparación con los utilizados en uno económico, los
cuales deben responder a los propósitos y objetivos que en cada
caso se señalen. Lo que sí hay que recordar es que los métodos y los
instrumentos que se utilicen en este tipo de proyectos deben ser los
propios de la especialidad o área. De ahí que la escuela usará, en sus
proyectos, los medios que hacen parte de la planeación educativa, la
evaluación curricular, la supervisión educativa, la docencia, etc., ya
que a la postre un proyecto no es ajeno a las actividades ordinarias
de la escuela o del sector educativo. Lo mismo podríamos decir de
los proyectos vinculados a los sectores económico, tecnológico y
social, donde junto a los métodos y técnicas inherentes a la especialidad se usan otros procedimientos que les sirven de apoyo y de
complemento. En este contexto identificamos dos tipos de medios:
los privativos de la investigación científica y los vinculados al área
de las denominadas dinámicas de grupo. Otros autores mencionan
los medios didácticos o de tipo tecnológico.

A pesar de que un proyecto es una unidad de actividad, sus propósitos y su desarrollo no son ajenos a los móviles investigativos,
ya que en el curso de un proyecto, y sobre todo antes de llevarlo a
la práctica, tiene enorme importancia el aporte del trabajo investigativo. No olvidemos que en la actualidad los partidarios de la
investigación-acción participativa utilizan como instrumento el

---

*　Existe abundante literatura sobre la investigación-acción participativa de
conocidos especialistas en esta modalidad, como, por ejemplo, Orlando Fals
Borda, Pedro Demo, Stephen Kemmis, Peter Park, Karl Lewin, etc. En otros
libros de Hugo Cerda, *Los elementos de la investigación* (El Búho, Bogotá,
1991) e *Investigar para cambiar* (Magisterio, Bogotá,) se puede consultar
sobre el tema. (N. del E.).

sistema de proyectos, quizas porque en éste se pueden articular el conocimiento con la actividad y la producción de conocimientos con la solución de los problemas que se plantean. Por eso, un proyecto, no sólo en la etapa del diagnóstico o de los estudios de factibilidad, utiliza los métodos y las técnicas propios de la investigación científica, sino en todo su desarrollo. Las técnicas para la recopilación de datos, para elaborar, analizar e interpretar la información, o para presentar, organizar o sistemati-zar los datos, no son ajenas al desarrollo de un proyecto.

De igual manera, las técnicas de trabajo con los grupos se constituyen en valiosas herramientas de apoyo en la realización de los proyectos. En este terreno son numerosas las clasificaciones que se han adelantado de las técnicas que se aceptan como medios auxiliares en la mayoría de las disciplinas vinculadas no sólo con las ciencias sociales, sino también con las ciencias factuales. Por ejemplo, se habla de cuatro grupos de técnicas:

- Técnicas de trabajo con grandes grupos.
- Técnicas de trabajo con grupos pequeños.
- Técnicas donde interviene un experto.
- Técnicas donde interviene activamente el grupo.

Técnicas como el simposio, el panel, la mesa redonda, el debate, foro, el estudio de casos, el Phillips 6-6, la discusión, los talleres, la dramatización, etc., hacen parte de todo un conjunto de modalidades que tienen como propósito facilitar los procesos de investigación, discusión, toma de decisiones y estudio de situaciones en la búsqueda de soluciones para el desarrollo del proyecto. Especialmente en los proyectos en los que tiene enorme incidencia el trabajo de grupo, estas técnicas facilitan y estimulan la acción y el funcionamiento del grupo, de cara a alcanzar los objetivos del proyecto. Por supuesto, las técnicas en cuestión son empleadas de acuerdo con las exigencias, necesidades y circunstancias que determinan la naturaleza, el tipo o la modalidad del proyecto.

5. Cronología

En el proceso de organización y de control de un proyecto tiene una importancia muy particular el acto de programar o calcular la duración de las actividades, las cuales no se diferencian mayormente de las propias de un proyecto de investigación, a lo que se hizo referencia en el capítulo sobre *El régimen operacional en un proyecto,* donde se habló acerca de los cronogramas, los CPM o el PERT. Pero la variable tiempo no es un hecho aislado, porque ésta depende de una serie de factores que van a determinar sus límites y su organización, como son su relación con el problema, principalmente, de costos, administración, control, resultados, etc.

Sabemos que no sólo en el caso de los proyectos sino también en el proceso de programación y planificación, el tiempo tiene gran importancia. Conforme a su dimensión temporal, tanto los planes como los programas o proyectos se organizan a corto, mediano o largo plazo, de acuerdo también con el contexto donde se ubica el proyecto. En los proyectos económicos tiene enorme importancia la delimitación temporal, porque a mayor tiempo de duración, mayores son los costos del proyecto. En cambio, en los proyectos sociales, aunque también existen restricciones a nivel temporal y por problemas de costos, en general éstos tienen un carácter más extensivo que intensivo. Aquí hay que recordar, con relación al tiempo, que los proyectos son casi siempre clasificados como intensivos cuando se concentra en el menor tiempo posible un número apreciable de actividades propias. En cambio, en los proyectos extensivos las acciones se prolongan en el tiempo, porque a la postre los aspectos humanos y sociales exigen un desarrollo más profundo y elaborado.

La determinación de los plazos de las actividades por realizar es un punto que exige una planificación más rígida en los proyectos económicos y más flexible en los proyectos sociales o culturales.

De igual manera, las tareas de control exigen el cumplimiento de los plazos previstos para la ejecución de las diferentes etapas y actividades.

Quiérase o no, también existe una estrecha relación entre el tiempo y el espacio, pues no hay que olvidar que a mayor cobertura de un proyecto, mayor será el tiempo invertido. En todos estos casos existe una estrecha relación de dependencia entre los factores temporales, el espacio, los objetivos planteados y los recursos humanos y económicos disponibles para la realización del proyecto, lo que en general nos está señalando la necesidad de entrar a planificar adecuadamente todos sus componentes.

6. LOS RECURSOS Y COSTOS DE EJECUCIÓN

Cualquiera que sea la índole o el tipo de proyecto, la planeación, el control y la evaluación de los recursos económicos se constituyen en el elemento fundamental que puede afectar o retardar cualquier acción que se adelante y, en muchos casos, comprometer el desarrollo de un proyecto.

Sin la existencia de algunos recursos y medios económicos y humanos básicos se haría imposible la realización de cualquier proyecto; de ahí la importancia de precisarlos, planificarlos y programarlos como parte de un rubro que deberá ser estudiado y analizado, porque estos recursos deberán corresponder a las necesidades y exigencias del proyecto. O sea, hay que calcular los costos de ejecución del proyecto antes de determinar el monto de los recursos, porque éstos pueden variar según el tamaño, el proceso o la localización del proyecto.

Tradicionalmente, el tamaño de un proyecto se ha medido por su capacidad de prestación de servicios, tratándose de un proyecto social o cultural, y por su capacidad de producción si se trata de un proyecto económico. Todo ello, definido en términos técnicos con relación a la unidad de tiempo de funcionamiento normal de la institución, empresa u organización que adelanta el proyecto.

Este concepto de producción normal es fácil de determinar, porque se puede definir como la cantidad de productos obtenidos por unidad de tiempo, de acuerdo con los factores de producción elegidos. Obviamente se podrá decir lo mismo con relación a la prestación de servicios, pues ésta no es fácil de determinar como un producto final específico, sino que hay que atender a un proceso que debe ser evaluado o medido. Además, porque es una actividad humana no productiva en sentido económico. Y ello se puede comprobar si se trata de un proyecto cultural o educativo que busca resultados muy concretos como, por ejemplo, la creación de un centro cultural o elevar los niveles pedagógicos de una escuela.

Por lo general, los costos son definidos como los valores que representan el monto total de gastos y consumos, real o convencionalmente invertidos, para comprar una cosa, producir una manufactura o prestar un servicio. La realización de un proyecto supone siempre unos costos, y quien no haya previsto recursos para cubrir estos costos está planteando una propuesta irrealizable. Dentro del campo de la planificación económica, se habla de costos directos, indirectos, de capital, corrientes, fijos y variables.

Los costos directos se relacionan, de forma directa, con el proyecto y, en general, con la prestación del servicio propiamente dicho. A nivel de la educación superior, el concepto costos directos se aplica a los costos que son directamente imputables a las actividades de docencia, investigación y extensión que realizan las diferentes unidades, por tener asignados recursos claramente identificables para su operación. Los costos indirectos son los que corresponden a los servicios complementarios que se originan como consecuencia de la puesta en marcha del proyecto. En el área económica, los costos indirectos se refieren a aquellos costos que deben recargársele al valor de una mercancía en virtud de los gastos generales de administración, alquileres, energía, amortizaciones, etc. Los costos de capital son aquellos que no alteran su valor una vez efectuado el gasto. A diferencia de los anteriores, los gastos corrientes pierden su valor una vez efectuados. Pero también existen los costos fijos, los cuales no registran ninguna alteración, cualesquiera que sean la magnitud del proyecto y las variables, y están condicionados por la magnitud del proyecto.

El Icfes, en su metodología de costos para proyectos en instituciones de la educación superior, hace referencia a los costos semestrales y semanales, que son el total de gastos imputables a cualquiera de las unidades de la institución o del proyecto, por cualquier concepto, en un semestre o en una semana, respectivamente. También se habla de los costos de apoyo, que son los ocasionados por los costos de las unidades de apoyo que sirven de soporte a las académicas. Estos costos se distribuyen entre las diferentes unidades de acuerdo con el tiempo dedicado por la unidad a cada una de ellas.

Pero entre las variables y tipos de costos que se requieren calcular o determinar, existen además el total hora-contacto, los costos de apoyo-hora-contacto, el costo total alumno-hora/semana, el costo directo alumno-hora/semana, el costo de apoyo alumno-hora/semana, el costo total semanal del programa, el costo alumno/semana programa, el costo alumno/semestre, el costo alumno/programa y el costo alumno/actividad.

Tradicionalmente, para la determinación de los costos de un proyecto, se consideran tres elementos:

* Los diversos factores que lo componen.
* La cantidad usada de cada uno de los factores.
* El valor o precio de cada uno de los factores.

La presentación sistemática de los costos y gastos que implica un proyecto se encuentra reseñada en un presupuesto. Tal como lo señala la misma etimología del término pre-supuesto, éste es un cómputo anticipado de los costos de las actividades del proyecto, que se elabora sobre la base de unos supuestos y unos motivos determinados. Si en el apoyo se justifican y planifican los diferentes elementos científico-técnicos y se organizan las diversas actividades, es indispensable igualmente justificar y establecer una estrategia para la consecución de los recursos financieros que permitan llevar a cabo el proyecto. Esta estrategia de financiación comprende el cálculo detallado de cada uno de los costos, que, para una mayor comprensión y facilidad de control, se agrupan por rubros o títulos.

El procedimiento para la elaboración del presupuesto tiene el siguiente orden:

* Se hace el cálculo detallado de cada uno de los rubros y renglones de gasto.
* Se procede a la distribución de los costos por fuentes de financiamiento.

¿Cuáles son los rubros principales que hacen parte de este presupuesto? Son ya convencionales, en este terreno:
* Costos de personal.
* Viáticos.
* Locales.
* Material y equipo.
* Gastos de funcionamiento.
* Imprevistos.
* Beneficios.

En un proyecto de investigación intervienen dos tipos de costos: unos directamente imputables al proyecto y otros indirectos. Los primeros son identificables con facilidad, pues son producidos en el desarrollo de las actividades específicas del proyecto. Ellos comprenden los gastos del personal investigativo de planta que lleva a cabo las actividades del proyecto, así como los correspondientes a los elementos de consumo, los equipos tecnológicos necesarios para el trabajo de tabulación, análisis y graficación de la información, y una serie de gastos por servicios específicos.

En este tipo de proyectos investigativos, el cálculo de los rubros directos es fácil, pues viene dado por parámetros objetivos y claros, tales como cotizaciones comerciales, contratos de prestación de servicios, cuentas de cobros o facturas (caso de los materiales, equipos y pago de servicios), o existen un contrato laboral y una asignación de funciones y salarios formalmente establecidos, así como unas actividades investigativas planteadas en el proyecto. No sucede así con una serie de gastos indirectos del proyecto, tales como el pago de servicios administrativos, de secretaría, los servicios de teléfono, luz, agua, aseo, mensajería, etc., sin los cuales no es posible que el investigador se dedique a su tarea, de acuerdo con una división de funciones. Los costos indirectos son llamados en inglés *overheads*, es decir, sobrecargas en la cabeza de cada investigador. La forma objetiva más adecuada para su cálculo es por medio del factor multiplicador de costos indirectos propio de cada institución. Este factor multiplicador es aplicable a los salarios del personal investigativo del proyecto.

En definitiva, el presupuesto tiene por función básica asignar recursos, determinar las fuentes y el origen de los mismos y, naturalmente, asegurar el desarrollo normal del proyecto y el funcionamiento de los servicios; de ahí la gran relación que existe entre el presupuesto y las actividades. Esto enseña que en el momento de diseñar un proyecto se deben articular estos dos aspectos, porque nunca se podrá definir y desarrollar el qué de las cosas si no se tiene la seguridad de que se cuenta con los medios para hacerlo.

Pero los costos de ejecución deben articularse con los recursos necesarios y disponibles para el proyecto, o sea, con los medios disponibles para realizar una acción o una actividad. En el contexto de la planeación tiene mucha importancia la determinación de los recursos que se requieren para un proyecto. En este terreno cobra una gran responsabilidad el proceso de programación o, en su defecto, de planificación, la cual debe complementarse con la planeación propiamente dicha, que elabora las etapas de un proyecto, las proyecciones temporales y todo aquello que conlleve un diseño o bosquejo teórico de las posibles actividades por realizar. Pero estas líneas de proyección serían inútiles si para ello no se contara con los recursos humanos o económicos que hicieran realidad las diversas fases del proyecto, en un tiempo determinado y con propósitos muy específicos. Muchas veces, algunos proyectos han fracasado porque estas líneas de proyección señaladas por la planeación son irreales, y porque la planificación no ha sido lo suficientemente explícita como para mostrar que no existen los medios y los recursos para su realización.

Los recursos propios de un proyecto, ya convencionales en este terreno, son los recursos humanos, materiales, técnicos y financieros. Los recursos humanos son fundamentales en el éxito de un proyecto, particularmente si se trata de un personal preparado y capacitado para realizar determinadas tareas. Aquí se incluyen los profesionales y técnicos directamente vinculados al área temática del proyecto, y aquel personal que sirve de apoyo o de complemento a las actividades de los primeros, como, por ejemplo, los técnicos en computación, sistematización, estadística, análisis de datos; los administradores, etc.

Varía el personal que interviene tanto en un proyecto económico como en uno cultural. Por ejemplo, en un proyecto económico o técnico, según los propósitos que persiga, ya incursione en el campo de la producción directa o en el perfeccionamiento del nivel técnico o del rendimiento, se exige un personal especializado no sólo en el campo de la economía o de la administración de empresas sino que se necesitan técnicos que respondan a las exigencias propias del proyecto. En cambio, en proyectos culturales, y particularmente en el terreno de la animación cultural, se requieren agentes que actúen como factores o elementos que le proporcionen apoyo logístico a la política de animación (investigadores y administradores) y animadores culturales, quienes tienen que ejecutar en la práctica las diversas fases de un proyecto. Como el propósito de este tipo de proyectos es reforzar el concepto de participación, los animadores culturales provienen de la comunidad donde se desarrollará el proyecto (educadores populares, promotores sociales, dirigentes cívicos, etc.); en cambio, los investigadores y los administradores hacen parte del equipo institucional del proyecto. Son muy diferentes los perfiles de un investigador y un administrador de un proyecto de animación cultural a los de un animador propiamente dicho, ya que éste requiere de algunas habilidades, destrezas y condiciones particulares como, por ejemplo, mística y vocación de servicio, convicción y confianza, habilidad para motivar, madurez emocional, capacidad para adaptarse y vencer dificultades o problemas, creatividad, etc.

En un proyecto de investigación se requiere del concurso de un equipo de investigadores especializados en el diseño, la técnica y el análisis de la información, y de los que se denominan asesores del proyecto, aunque según el tipo de proyecto estos últimos pueden hacer parte del equipo de investigación. Si el proyecto es interdisciplinario, intervienen en el grupo de investigación diversos tipos de profesionales y especialistas de diferentes campos (psicólogos, sociólogos, antropólogos, médicos, pedagogos, etc.). Cuando son varios los especialistas que participan, se constituye un equipo polivalente o interdisciplinario, cuya coordinación es de gran importancia, no sólo para orientar el proyecto, sino para evitar una congestión de estudios y actividades, como suele ocurrir en la mayoría de los proyectos donde se suman diversas concepciones, especialidades y puntos de vista. De igual manera existen asesores o consultores sobre temas propios de la especialidad, como, por ejemplo, equipo de cálculo y estadística, grupo técnico-auxiliar, equipo de encuesta, equipo de codificación y compilación mecánica y equipo administrativo y de servicios generales.

Los recursos técnicos y materiales disponibles van a depender de los medios económicos con que cuente el proyecto, ya que pueden variar según el proyecto se encuentre o no bien respaldado económicamente. En muchos casos, los recursos técnicos y materiales son buenos facilitadores de algunas tareas y actividades propias del proyecto, sobre todo cuando trabaja mucha gente en él o éste es muy complejo. Procesos de corta duración y de baja cobertura no exigen equipos muy sofisticados, ya que, en materia de costos, ello puede ser contraproducente. En cambio, el uso de un buen sistema de computación o sistematización, cuando el flujo de información es intenso, reduce los costos del trabajo-tiempo del personal que interviene en el proyecto.

Con respecto a los recursos financieros, de su disponibilidad, como se dijo, va a depender el éxito del proyecto. Lo ideal es que se efectúe un estudio de factibilidad o de prefactibilidad para calcular los costos de un proyecto y que se evalúe la posibilidad de que existan los recursos financieros para asumir estos costos. Tradicionalmente se organiza un calendario financiero, el cual establece una relación directa entre el tipo de actividades que se realizarán, el costo por unidad de tiempo o de dificultad, y los recursos reales o potenciales disponibles. Muchas veces, ciertas actividades son reducidas a su mínima expresión porque se carece de los medios para extenderlas o ampliarlas más allá de ciertos límites. De igual manera, tienen gran importancia los objetivos del proyecto en el momento de calcular o definir los recursos. En algunos casos, los objetivos no se pueden cumplir si no se cuenta con dichos recursos. De esta manera, no se justificaría adelantar un proyecto que está condenado al fracaso. Otras veces, los cálculos del calendario o el presupuesto no son realistas, y en el desarrollo del proyecto se comienza a descubrir que no existen recursos para culminar el proyecto. Se pueden realizar adecuaciones o adaptaciones en algunos casos, pero otras veces no. Todo esto nos enseña la necesidad de planear y planificar o programar muy bien los diversos pasos de un proyecto; de lo contrario, los resultados serán negativos.

7. Cómo administrar el proyecto

Los elementos y la estructura de un proceso y de la gestión administrativa en el contexto de un proyecto no son diferentes a otras funciones y áreas donde actúa la administración, ya que aquí también identificamos elementos como planeación, organización, ejecución y control, funciones articuladas y coordinadas por una dirección, una autoridad o un mecanismo de control determinado. De ello se concluye que la ejecución de un proyecto es fundamentalmente una tarea de administración. El proceso de administración de un proyecto implica cinco funciones básicas:

- Planificar.
- Organizar.
- Coordinar.
- Dirigir.
- Controlar y evaluar.

Naturalmente, el modo de disponer una estructura de referencias operativas, que permita tomar las decisiones de cada día y fijar los procedimientos para realizar y evaluar las acciones capaces de responder a los propósitos y objetivos específicos de un proyecto, es una de las funciones del acto de planificar. De igual manera, la forma o el estilo de agrupar actividades diferentes que hacen parte de una empresa común, de realizar una cosa de modo que sus partes cumplan una función especial dentro de un todo o contribuyan a algún fin, le compete al acto de organizar. Ello implica necesariamente precisar de las funciones de cada persona en el desarrollo del proyecto, así como definir las líneas de mando y asesoría, establecer las unidades operativas (agrupar actividades), describir y controlar los recursos, etc. El propósito fundamental de la organización es la coordinación y vigilancia de las actividades propias del proyecto.

Los principios de la organización han sido formulados por diversos autores y en general rigen para la mayoría de las actividades que exigen y requieren esta acción. Ellos son:

*   El *principio de la especialización:* Parte del supuesto de que, en el proceso de subdivisión del trabajo, las tareas por realizar deben ser obras, de especialistas. Una persona conocedora del trabajo que hace es una garantía de eficiencia, precisión y destreza, lo cual también es una garantía de ahorro de tiempo y de recursos.

*   El *principio de la unidad de mando*: Señala que siempre existen problemas cuando más de una persona dirige u orienta un trabajo. Si bien, para muchos proyectos comunitarios, el ideal es una dirección compartida o colectiva, en la práctica ésto puede traer muchos problemas que afectan la continuidad y la unidad de un proyecto.

*   El *principio del equilibrio de autoridad-responsabilidad:* Puede interpretarse de forma diferente, según la modalidad, el tipo de proyecto o las personas que están involucradas. La extrema verticalidad en el mando o autoridad puede generar muchos problemas en la manera de ejercer el poder, de tomar decisiones y de hacerlas ejecutar. Un exceso de autoritarismo dificulta cualquier tipo de participación y comunicación entre las personas que intervienen en un proyecto.

Lo mismo puede ocurrir si se presenta el caso contrario, o sea, si existe irresponsabilidad en el cumplimiento de las funciones asignadas. Los dos extremos son nocivos en la administración de un proyecto. Para algunos especialistas, la mayor o menor rigidez en la autoridad va a depender del tipo de proyecto. En proyectos que buscan resultados rápidos e inmediatos y que involucran una gran cantidad de personal se recomienda que la autoridad se concentre en una sola persona, pero, en cambio, en proyectos a más largo plazo y en un contexto comunitario con una fuerte participación de varios sectores, es preferible que la autoridad sea más compartida. Como se hace muy difícil establecer un patrón único, es preferible que se asuma una política flexible en estos casos y que la decisión sea tomada por las personas que participan en el proyecto.

Íntimamente relacionado con los dos primeros principios se encuentra el principio del equilibrio de dirección-control, en el que se plantea la necesidad de establecer una correspondencia entre las cabezas del proyecto y los mecanismos de control de las diversas funciones, tareas y actividades del proyecto. Los especialistas en administración afirman que el control y la supervisión de un proyecto son responsabilidad de su director o coordinador.

Existe diferencia entre la gestión administrativa de una institución, que es un ente permanente y organizado, y la de un proyecto, cuya existencia se agota cuando se alcanzan los objetivos que se han señalado. Hay que recordar que, para la organización del trabajo humano, la administración nos habla de cuatro instrumentos principales:

- Organigrama.
- Manual de organización.
- Niveles de autoridad.
- Manual de procedimientos.

Salvo que se trate de un proyecto extenso o de una cadena de proyectos, y que éste se inserte o haga parte de las políticas o estrategias permanentes de una institución, no siempre se justifica el uso del organigrama, o carta organizacional, en un proyecto. Hay que recordar que un organigrama es la representación gráfica de la dinámica de una organización; esto hace posible una visión de conjunto de un organismo funcional o de parte de él. Por lo general indica:

- La estructura general de un organismo social.
- Los puestos directivos y ejecutivos.
- Los comités o las dependencias de asesoría.
- Los diferentes niveles jerárquicos.
- Los canales de autoridad y comunicación.
- Las funciones y su agrupamiento en las políticas correspondientes.
- La estructura específica de alguna función o algunas funciones, indicando su composición interna.

En un proyecto extenso en el que estén involucradas muchas personas, es importante definir con claridad las funciones, responsabilidades y obligaciones del personal que participa en el proyecto. Naturalmente, en cualquier empresa o institución, esta función la cumple, por lo general, el Manual de organización o Manual de funciones, pero en el caso de un proyecto aquél puede reducirse a un registro más simple y manejable. Funciones muy similares deberá cumplir un manual donde se describan los diversos niveles de autoridad, que a la postre tienen relación con la toma de decisiones y las atribuciones que cada uno tiene en el proyecto. Complementa la función de los dos manuales mencionados el Manual de procedimientos, que se refiere al tipo de trabajo que se debe realizar y a los procedimientos que se deben seguir.

En la administración, la coordinación es un elemento que hace parte de este conjunto de funciones y que sirve para establecer la armonía entre los diversos actos del proyecto, para facilitar su funcionamiento y lograr los objetivos propuestos. La coordinación busca hacer compatibles las acciones o instancias propias de un proceso. Si no existiera una ordenación metódica y armónica entre actividades, servicios y personas, todo ello con el propósito de alcanzar un objetivo determinado, difícilmente se tendría éxito en un proyecto. Deben articularse y correlacionarse todas las acciones y tareas de un proyecto, además de los agentes de estas acciones. No se deben superponer dos actividades, porque una puede neutralizar a la otra, así como tampoco se deben romper la continuidad y la regularidad de éstas, porque muchas veces una actividad requiere de la anterior, como un eslabón de una cadena depende del otro.

Tradicionalmente se ha hablado de dos tipos de coordinación: una de tipo preventivo, en la que la armonización es previa a la actividad y hace parte de un proceso de planificación, y otra correctiva, la cual se ejerce durante la ejecución. Algunos utilizan las dos, ya que la primera, como es teórica, no siempre interpreta o expresa los problemas que surgen en el desarrollo operativo de un proyecto.

El trabajo de coordinación puede ser realizado por una persona o por un grupo, según las exigencias y necesidades del proyecto. Muchas veces es más útil que una persona coordine todas las acciones de un proyecto, ya que esto garantiza la unidad de criterio en el proceso de coordinación. Otras veces, la complejidad del proyecto obliga a asignarle esta responsabilidad a un grupo.

¿Y cómo se efectúa esta coordinación? Naturalmente, los procedimientos más adecuados son las reuniones, en los que cada uno tiene la oportunidad de identificar sus funciones y actividades; también los coordinadores las conocerán y de esta manera tendrán una visión panorámica del proceso. En las reuniones se intercambian opiniones, se conocen problemas y se buscan soluciones que contribuyan a facilitar las tareas de coordinación y de articulación de todas las partes.

Dirigir supone muchas responsabilidades, porque, a la postre, tanto lo bueno como lo malo de un proyecto se asocian con la persona que lo dirige y lo orienta.

Existen muchas discusiones y polémicas en torno a los sistemas de dirección, ya que, quiérase o no, éstos van a determinar el curso de un proyecto; por tal razón tiene gran importancia que se defina si va a prevaler el estilo autocrático o el democrático. El carácter directivo o participativo va a depender mucho del tipo de proyecto o de los propósitos que éste se plantea, ya que los proyectos educativos y sociales, en los que el éxito va a depender de la colaboración y la participación de la comunidad social o educativa, exigen una dirección o coordinación más abierta, flexible y de tipo participativo. En estos casos, la mentalidad cerrada, inflexible en las decisiones y exclusiva en la responsabilidad nunca va a contar con la ayuda y el apoyo incondicional de los presuntos beneficiarios de estos proyectos. Si el responsable de un proyecto desea incorporar un estilo participativo, deberá asumir los siguientes comportamientos:

* Poseer mentalidad abierta.
* Ser flexible en las decisiones.
* Otorgar participación en todos los niveles.
* Proporcionar amplia participación.
* Vigilar globalmente el cumplimiento de las tareas.
* Mantener contacto constante con el personal.
* Sincronizar sus actividades con las de los demás.
* Colaborar eficazmente.
* Ser respetuoso de las ideas y el trabajo ajenos.

En general, la participación y el diálogo se convierten en una constante para quien dirige un proyecto, ya que a la postre son dos características fundamentales de cualquier proceso democrático y participativo. En la práctica, cualquier persona que siente que su opinión es atendida y que tiene la oportunidad de participar en las decisiones de un proyecto, se considera comprometida con éste.

En cambio, si esta misma persona se transforma en una pieza más de una maquinaria y se considera ajena a los efectos y resultados del trabajo, difícilmente se va a identificar con el proyecto.

Pero no basta con guiar una organización hacia el logro de determinados objetivos, se necesita controlar en qué grado se alcanzan o no estos objetivos. En la educación se utiliza la evaluación formativa como un medio para realizar algunos ajustes en el desarrollo y en el interior de una actividad educativa; en el caso de un proyecto, se usa un tipo de control que hace posible efectuar correcciones en su desarrollo. De ello se deduce que los sistemas de control no son ajenos a las funciones de supervisión, coordinación y evaluación permanente, que siempre deben existir en cualquier tipo de proyecto. De esta manera se asegura que los objetivos sean alcanzados, y se garantiza la eliminación o neutralización de cualquier factor que los dificulte o impida alcanzarlos.

¿De qué procedimientos, se vale una persona para controlar las tareas y actividades propias de un proyecto? Casi siempre se utilizan los siguientes:

- *Contactos directos*, para comprobar la marcha del proyecto.
- *Informes escritos*, por medio de los cuales se conoce, en forma sintética y precisa, su desarrollo.
- *Análisis de lo realizado*, que se traduce en una comparación de los resultados obtenidos con las metas y objetivos establecidos, así como en una identificación de las desviaciones que se han producido en el desarrollo del proyecto y las causas que las ocasionan.
- *Acción correctiva*, por medio de la cual se adoptan las medidas necesarias para realizar modificaciones y cambios que permitan no sólo corregir unos errores, sino también prever otros.

En el desarrollo de un proyecto existen muchos niveles, variantes y tipos de control, los cuales involucran las metas que se establecen, los objetivos que se señalan, los niveles de cantidad y calidad de los servicios y de las actividades, así como el cumplimiento del tiempo previsto y de los costos globales y por unidades. Si se realiza un control adecuado de todos los aspectos de un proyecto, cualquier problema será resuelto a tiempo, y se alcanzarán más fácilmente los objetivos propuestos.

8. LOS INDICADORES DE EVALUACIÓN DE UN PROYECTO

Tradicionalmente, en la investigación científica se ha hablado de *indicadores* en términos de variables empíricas de los contenidos teóricos. Los indicadores son el camino para operacionalizar las variables; es decir, se utilizan algunas subdimensiones de éstas para definir sus aspectos discernibles. Se parte del supuesto de que todo fenómeno es testimonio de la existencia de otro. Para ello se buscan algunos indicadores específicos y fácilmente medibles que nos ayuden a evaluar un hecho o una situación determinada. La mayoría de las veces no basta un sólo indicador para conocer esa realidad, sino que se requieren varios indicadores para facilitar el trabajo empírico. Los técnicos recomiendan buscar las medidas o los indicadores que ya han demostrado su utilidad, en vez de ponerse a crear otras nuevas.

Los indicadores utilizados en la investigación científica no son diferentes a los propios de una evaluación de un proyecto, ya que cumplen funciones similares: ayudar a medir el grado en que se alcancen las metas. Se afirma que los indicadores son antídotos contra la ambigüedad y una garantía para la precisión y concreción técnica y científica. Por medio de ellos podemos ayudar a decidir la pertenencia de un objeto, de un fenómeno o de un hecho deter-minado.

En el campo de la evaluación se habla de tres niveles de indicadores: tipos de indicadores, subconjunto de indicadores y universo de indicadores. Los tres se utilizan indistintamente en todos los casos. También se habla de los indicadores expresivos y predictivos. Los primeros son aquellos cuya relación con la variable que se va a medir no es evidente y, por lo mismo, requieren de una explicación o justificación teórica para su uso, es decir, para mostrar la conexión con la propiedad de la cual se supone que ese indicador es una de sus manifestaciones objetivas. En el caso de los indicadores predictivos, su relación se puede apreciar sin mayores explicaciones. El subconjunto de indicadores es un conjunto reducido de medidas que hacen parte de un universo de indicadores, los cuales se reducen a los niveles de un subconjunto para facilitar el trabajo empírico. Finalmente, el universo de indicadores es más amplio y complejo. Nos ayuda a decidir la pertenencia de un objeto concreto dado (persona o grupo), de acuerdo con un concepto clasificatorio. A medida que el análisis de los ítems se amplía, el número de indicadores elegibles se aumenta y el proceso evaluatorio se hace más general y global.

El universo de indicadores se utiliza indistintamente, en la evaluación tanto sumativa como formativa. En el primer caso, el carácter general y amplio del universo de indicadores es muy útil en el momento de valorar si las alternativas elegidas son las más idóneas y justifican los esfuerzos realizados. Para verificar los resultados alcanzados y tratar de hallar un grado de congruencia entre éstos y los objetivos señalados para el proyecto, es importante contar con un conjunto amplio de indicadores, especialmente si el hecho o la actividad evaluada se amplía y el número de indicadores elegibles debe aumentar.

En la evaluación formativa que se realiza en el desarrollo del proyecto, el universo de indicadores también es muy importante, ya que los ajustes y cambios que se sugieran deben tener siempre, como referencia general, dicho universo. De esta manera se alcanzarán los objetivos que deberán ser expresados en este universo.

Para que los indicadores puedan medir o evaluar óptimamente los resultados de un proyecto, deben reunir ciertas condiciones. La *verificabilidad* es una de estas condiciones, la cual nos recuerda que los indicadores deben establecerse de tal modo que sea posible comprobar o verificar los cambios que se van produciendo en el proyecto y que los indicadores deben medir y precisar. O sea, los evaluadores del proyecto deben señalar aquellos hechos o fenómenos que confirman los niveles y grados de estos cambios. La *validez* de los indicadores se refiere a su capacidad para medir lo que se pretende medir; o sea, los indicadores deben reflejar los efectos del proyecto, pues de lo contrario, no cumplirían ninguna función.

La *accesibilidad* y la *viabilidad* son condiciones importantes para alcanzar una buena medición de los resultados del proyecto, y se refieren a la facilidad para obtener la información que se requiere. Sería absurdo pensar en unos indicadores para los cuales hubiese que utilizar mucho tiempo y esfuerzo en obtener la información necesaria que posibilite la medición. Lo ideal es utilizar indicadores que requieran una información ya existente, o que, en su defecto, sea posible obtener dicha información en el desarrollo del proyecto.

Es un error pensar que los indicadores nos van a aportar toda la información que se necesita para realizar una buena evaluación del proyecto. Hay que recordar que los indicadores son instrumentos, pero no operan por sí mismos. Ellos indican o sirven para indicar, y no más. Una vez utilizados los indicadores, desaparecen para dar paso a los procedimientos propios de la evaluación: juicios de valor, clasificación y sistematización, valores y méritos, etc.

1.   Denominación o título.

2.   Caracterización del proyecto:
     a.   Identificación.
     b.   Justificación.
     c.   Marco institucional, social y teórico.
     d.   Finalidad.
     e.   Objetivos, propósitos, logros y metas.
     f.   Destinatarios.
     g.   Productos, resultados y efectos.
     h.   Cobertura y contexto físico espacial.

3.   Régimen operacional.

4.   Instrumentos, métodos, técnicas y modalidades de operación.

5.   Cronología.

6.   Recursos y costos de ejecución.

7.   Administración.

8.   Indicadores de evaluación.

Guía para la presentación de proyectos de investigación científica y tecnología (Colciencias, 1999)

INFORMACIÓN GENERAL DEL PROYECTO

*   Título de la propuesta
*   Investigadores
*   Entidad
*   Lugar
*   Ejecución
*   Duración del proyecto
*   Tipo de proyecto
*   Financiación solicitada
*   Contrapartida
*   Descriptores

RESUMEN EJECUTIVO

*   Pertinencia y calidad del proyecto
*   Resumen descripción proyecto

DESCRIPCION DEL PROYECTO

* Planteamiento del problema
* Impacto esperado
* Usuarios directos e indirectos
* Marco teórico y nivel actual de desarrollo
* Objetivos
* Metodología propuesta
* Resultados esperados
* Estrategia de transferencia de resultados
* Estrategia de comunicación
* Trayectoria del grupo investigador
* Cronograma

PRESUPUESTO

* Fuentes de financiación
* Rubros no financiables
* Rubros financiables
* Personal del proyecto
* Equipo
* Materiales e insumos
* Gastos transporte
* Viajes
* Material bibliográfico
* Contrapartida

Este formato es el que exige COLCIENCIAS para el financiamiento de los proyectos de investigación. Como anexo a este formato se incluyen tablas de presupuesto que deben diligenciar los grupos de investigación que soliciten este financiamiento.

Etapas anteriores a la elaboración del proyecto

Anteproyectos, diagnósticos y estudios de factibilidad

No existe consenso entre los especialistas sobre la naturaleza del término anteproyecto ni sobre la de todas las instancias que anteceden al diseño de un proyecto, llámense factibilidad, prefactibilidad, diagnóstico preliminar, etc. El concepto anteproyecto nos está señalando la existencia de condiciones previas a diseñar y llevar a la práctica un proyecto, o sea, nos dice si es viable o posible y si existen las condiciones mínimas para llevarlo a la práctica. La experiencia nos ha enseñado que numerosos proyectos fracasan porque han tenido serios problemas metodológicos y técnicos, sus objetivos son inalcanzables o el problema es insoluble. De ahí la necesidad de evitar todos los contratiempos económicos, técnicos u operativos que surjan en su desarrollo. Un anteproyecto es muy útil en la medida en que puede evitar costosas pérdidas de tiempo o de recursos económicos.

Algunos autores confunden la formulación del plan con el anteproyecto, quizás porque a juicio de éstos ambos constituyen una especie de boceto, esbozo previo o esquema de un proyecto. Otros, en cambio, nos hablan del anteproyecto como un proyecto provisional que puede ser modificado o cambiado en la etapa cuando se estructura y finalmente se define el proyecto.

A juicio de O'Shaughnessy, antes de diseñar y llevar a la práctica un proyecto se requiere haber pasado primero por dos etapas previas:

- Identificación de la idea.
- El anteproyecto preliminar o estudio previo de la factibilidad.

En la identificación de la idea se busca, por medio de la información existente o disponible, reconocer si existe o no alguna razón fundada para aprobar o rechazar la idea básica del proyecto. De esta manera se desea tener la certeza que el orden de ideas dominantes es el correcto, para lo cual se debe poseer toda la información necesaria para fundamentarla y justificarla. Se debe definir y delimitar la idea (o ideas) básica(s) del proyecto, identificando sus posibles soluciones y alternativas teóricas, metodológicas, técnicas y económicas. Nadie se encuentra totalmente seguro de la importancia, vigencia o validez de estas ideas, pero por medio de este proceso previo se busca asegurarse al máximo.

La segunda etapa es la propia del anteproyecto o el estudio previo de factibilidad, que se centra fundamentalmente en dos aspectos clave del proyecto: su viabilidad y su factibilidad. Algunos autores no establecen muchas diferencias entre los dos aspectos, aunque el primero se asocia más con los proyectos económicos y el segundo con los sociales. Antes de realizar un proyecto surgen las obligadas preguntas: ¿Estoy en condiciones de llevar a la práctica el proyecto que me planteo? ¿Cuento con los recursos y los medios materiales o humanos para realizarlo? ¿Estoy en condiciones técnicas y científicas de llevarlo a cabo?

Lo *factible* es todo aquello que se puede hacer o es posible hacer. Nos plantea una eventualidad que sólo es posible resolver mediante el conocimiento a fondo de los medios con que se cuenta para realizar el proyecto y de las condiciones reales que existen para llevarlo a la práctica. Se trata de ordenar las alternativas de solución para el proyecto según ciertos criterios elegidos para asegurar la optimización en el uso de los recursos empleados, desde el punto de vista tanto económico como social y técnico. Estos estudios de factibilidad suelen incluir la rentabilidad prevista a través de los ingresos y gastos proyectados para toda la vida útil del proyecto. Pero en muchas oportunidades esta información va más allá, ya que en algunos casos se necesita información adicional a nivel local, regional, nacional o internacional para comprender el significado, los efectos o las proyecciones del proyecto. Fuera de un contexto determinado, el proyecto puede tener una significación muy diferente.

La combinación adecuada de estos criterios permite ordenar las alternativas de solución social, económica, política, técnica y financiera de cada proyecto. En el anteproyecto definitivo debe justificarse la opción hecha por una de las referidas alternativas y caracterizar otras que le sigan en orden de prelación para justificar la elección hecha frente a los criterios aceptados para evaluar el proyecto. Se trata de que, al evaluar el proyecto final, éste surja como la mejor respuesta o solución a los problemas o necesidades planteadas.

La complejidad del proyecto exige algunas veces más que un estudio de factibilidad; por eso se opta por un estudio de prefactibilidad cuyas exigencias son más generales y globales que las del estudio de factibilidad. Se precisan los siguientes aspectos:

*   La concepción general del proyecto.
*   Evaluación de los procedimientos que se van a utilizar.
*   Lo que el diseño del proyecto tiene como fin esencial.
*   Inserción del proyecto en programas locales, sectoriales o nacionales.
*   Búsqueda o indagación de posibles financiamientos.

En muchos casos, el proceso culmina con la decisión de proseguir o abandonar el estudio antes de entrar a definir aspectos más precisos a nivel económico, administrativo o técnico. Algunos especialistas creen que en proyectos pequeños o con objetivos precisos no se justifican los estudios de prefactibilidad. Pero, en cambio, en proyectos grandes y con un financiamiento mayor, es muy importante esta prefactibilidad para evitar que, por fallas metodológicas preliminares, se pierda el trabajo realizado en los estudios de factibilidad posteriores.

¿Qué finalidades tienen los estudios de factibilidad? Aunque éstas pueden variar según el tipo de proyecto, se podrían incluir las siguientes:

*   Permitir la selección entre las variantes existentes de un proyecto, si ello no se ha hecho durante la fase de la prefactibilidad.
*   Determinar las características técnicas y metodológicas de las operaciones.
*   Fijar los medios que habrá que implementar, la organización que será necesario establecer y los problemas administrativos, económicos y humanos que conlleva.

- Establecer los costos de la operación (estimativos o provisionales).
- Evaluar los recursos disponibles, reales o potenciales.

En general, mediante el estudio de factibilidad se busca ordenar las alternativas de solución del proyecto de acuerdo con ciertos criterios preestablecidos y asegurar la optimización de los recursos económicos, técnicos y humanos empleados, así como los efectos del proyecto en el área o sector al que se destina. Aunque los elementos que participan en un estudio de factibilidad pueden variar, los autores coinciden en que éste puede incluir los siguientes:

A. Generalidades

- Agente o servicio iniciador del proyecto.
- Definición de la acción que se debe emprender.
- Localización geográfica, administrativa, cultural o social.
- Razones o justificación de la selección.
- Eventual referencia a un objetivo sectorial, regional o nacional del plan y a sus relaciones con el proyecto

B. Situación antes de la operación

- Existencia de una posibilidad mal o insuficientemente aprovechada (subutilización) en cuanto a los recursos destinados.
- Existencia de una necesidad insuficientemente satisfecha o insatisfecha que ha sido considerada o no en el proyecto.
- Existencia de medios movilizables o fijos que pueden determinar su grado de flexibilidad o de inmovilidad en el desarrollo del proyecto.

* Resultados esperados del proyecto.
* Descripción de la naturaleza de los trabajos por realizar: duración, estudios, suministros, instalación o funcionamiento de equipos, personal y mano de obra.
* Naturaleza del resultado esperado.
* Responsables del estudio del proyecto, de la supervisión, del control, de la evaluación y de los pagos.

D.   Incidencia financiera

* Costos de los trabajos por realizar (estudios, infraestructura, equipos, suministros y personal).
* Tipo de financiación prevista (sector privado o Estado: subvención o préstamo).
* Cuadro de gastos (gastos de funcionamiento después de la puesta en servicio).

E.   Elementos de ejecución

* Calendario o cronograma para los trabajos.
* Calendario o cronograma de vencimiento de los plazos y costos.

Un estudio de factibilidad arroja resultados determinados, los cuales van a influir en las decisiones tomadas por las personas responsables del proyecto, quienes pueden optar por lo siguiente:

* El abandono del proyecto si el estudio de factibilidad contradice los enfoques anteriores (costos excesivos y/o tiempo insuficiente).
* Continuación de los estudios y trabajos para superar o resolver los problemas o limitaciones identificadas.

En síntesis, a juicio de los especialistas, la información previa a la elaboración de un proyecto debe figurar en la descripción del proyecto. Pero en este trabajo preliminar va tener una importancia fundamental y prioritaria el diagnóstico preliminar, el cual nos permitirá una primera aproximación a las ideas, temas o problemas del proyecto.

El diagnóstico preliminar

Por medio de esta fase previa se podrá realizar un reconocimiento total o parcial de la situación objeto de estudio y de las condiciones para realizarlo. O sea, antes de realizar el proyecto conviene examinar la realidad que se piena estudiar, las personas, el entorno, las características y las circunstancias que van a incidir en el desarrollo del proyecto. De ello se deduce que el diagnóstico de la realidad es una fase de gran importancia para la elaboración de proyectos, porque permite ubicar los problemas, identificar sus causas de fondo y ofrecer vías de acción para resolverlos.

Desde hace tiempo, el término diagnóstico hace parte del proceso y de los procedimientos utilizados por los médicos para identificar los síntomas o los signos de una enfermedad, pero a la vez se confunde con el propio dictamen de la enfermedad. Un médico, a partir de sus conocimientos y experiencias, estudia al paciente y llega a determinadas conclusiones después de examinarlo sobre el tipo de morbilidad que lo afecta. Todo este proceso, desde la observación de los primeros síntomas, la indagación manual y análisis de laboratorio hasta las conclusiones finales, hace parte del ciclo propio del diagnóstico. Siempre el punto de partida de un diagnóstico es una situación irregular o anormal.

Al igual que en el caso de la medicina, en las ciencias sociales el término indica el análisis que se realiza para determinar cuál es la situación y cuáles son las tendencias de la misma. Naturalmente, todo ello se efectúa sobre la base de la información, los datos y los hechos, recogidos y ordenados de forma sistemática. También en el caso del diagnóstico social se busca determinar la naturaleza y la magnitud de las necesidades y los problemas que afectan el sector o la situación de la realidad social estudiada. Al igual que en la planificación se debe establecer una jerarquización de las necesidades y los problemas en función de los criterios políticos, sociales, económicos, educativos o culturales que se establezcan en cada caso, de acuerdo al tipo de proyecto que se adelante.

Todo diagnóstico se apoya en un estudio o investigación y generalmente no sólo sirve de antecedente y justificación de un proyecto, sino de apoyo de la programación. En los dos casos proporciona una información adecuada y confiable que servirá de base para una acción (realización de un plan, programa o proyecto) y para fundamentar las estategias que se han de expresar en la práctica concreta. Por medio de su información se puede establecer la naturaleza, la extensión y las implicaciones de los factores que causan una dificultad o generan un problema.

Se hace muy difícil hablar de un modo general de diagnóstico, ya que existen muchas variables diferentes, pero en todas ellas se perciben algunas funciones básicas. Las principales serían las siguientes:

- Sistematiza la información sobre la situación-problema de una determinada realidad.
- Define la naturaleza y magnitud de las necesidades y los problemas, y, a la vez las jerarquiza.
- Conoce los factores más relevantes dentro de una actividad.
- Identifica las fuerzas en conflicto entre los factores que actúan sobre éstas.

- Incluye la determinación de recursos e instrumentos en función de la resolución de problemas.

El diagnóstico constituye el nexo entre el estudio-investigación y la programación de actividades. En general, no se concibe la idea de adelantar un proyecto si no existe una información confiable como resultado del diagnóstico en el contexto donde debe desarrollarse el proyecto y un conocimiento de todos los aspectos que pueden dificultar o facilitar el curso de un proyecto.

No hay duda de que existe una estrecha conexión entre el diagnóstico de una situación, los valores que subyacen a la realidad y los objetivos que se pretende alcanzar. De ahí la importancia de que en este diagnóstico se incluyan o contemplen necesariamente los siguientes aspectos:

- Detectar las necesidades existentes.
- Establecer las causas que han originado el problema y que mantienen la situación carencial.
- Formular y delimitar el problema: identificar el problema como tal y como es percibido e interpretado por los sujetos.
- Describir la situación social y el contexto en el que se inscribe el problema.
- Revisar y estudiar lo que dice la bibliografía sobre el tema objeto de su estudio.
- Prever la población a quien va dirigido el proyecto: analizar su situación, características, necesidades y rasgos más sobresalientes.
- Prever los recursos que dispondremos para realizar el proyecto.
- Establecer la ubicación del proyecto: lugar y área determinada.

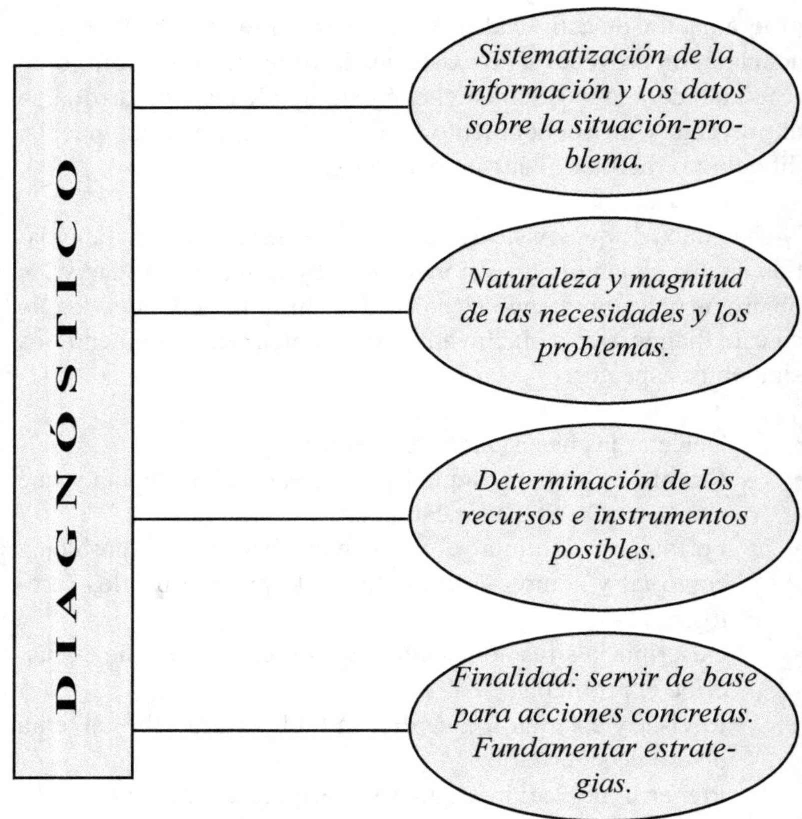

Aspectos y tareas que se deben considerar, en términos operativos, en el instante de diseñar y ejecutar un diagnóstico

Evaluación de proyectos

En la actualidad no es tan fácil definir un término como *evaluación*, el cual ha ido perdiendo con el tiempo aquella simplicidad y precisión que tenía en la década del 30, cuando Ralph Tyler y otros autores nos hablaban de la evaluación como del procedimiento utilizado para medir la eficacia de un método y los resultados de una actividad, o sea, cuando se reducía a comparar objetivos y resultados. Si bien esta concepción se conserva aún hoy día, su significado se ha ampliado y, en general, la evaluación se ha transformado en un auténtico juicio de valor y en un enjuiciamiento sistemático del mérito de un objeto o de un fenómeno determinado. Prácticamente, la evaluación dejó de ser sólo una forma de medir resultados con relación a unos objetivos previamente establecidos y se convirtió, además, en:

- Un diagnóstico previo de las necesidades, o preprogramación.
- Una valoración de la programación propiamente dicha, centrada en los objetivos.
- Una evaluación del proceso y los resultados.

La evaluación ya no es simple medida, sino que es criterial, formativa y un instrumento clave en la toma de decisiones. Es además cooperativa, puesto que afecta no sólo a los aplicadores, sino también a los usuarios. En síntesis, la evaluación, en el contexto de un proyecto, debe ser:

- *Integrada*, de manera que constituya una fase más de todo lo que conforma el desarrollo de un proyecto.
- *Formativa*, porque perfecciona y enriquece tanto el proceso como los resultados de un proyecto.
- *Continua*, porque sus efectos serán conocidos no sólo al final, al contrastar los resultados conseguidos, sino durante todo el proceso.
- *Recurrente*, ya que a través de la retroalimentación o *feedback* puede perfeccionar los resultados por medio del desarrollo del proceso.
- *Criterial*, porque los objetivos que se planteen deben iluminar todo el proceso y evaluar con rigor los resultados. Particularmente en el campo educativo o cultural, si no existen criterios previos, la evaluación tampoco existe, ya que pierde todo punto de referencia y el proyecto se limitaría a cumplir unos objetivos instrumentales.
- *Decisoria*, ya que los datos de la información que se puedan obtener durante el desarrollo, y al final del proyecto, facilitan y fundamentan la toma de decisiones.
- *Cooperativa*, porque afecta a un conjunto de usuarios que deben participar activamente en todo el desarrollo del proyecto.

En el desarrollo de los procesos y de las diferentes modalidades de evaluación se han ido sumando concepciones y criterios diversos, según los propósitos y los objetos que se evalúen. Se requirieron muchas décadas para que se aceptara la evaluación científica, que presupone tanto la planificación concienzuda y rigurosa de la evaluación como la preparación y aplicación de unos procedimientos objetivos y pertinentes. De igual manera, surge la evaluación formativa, que centra su trabajo en el proceso educativo y se plantea como alternativa frente a la evaluación sumativa, se desplaza de los objetivos a las necesidades, ya que se trata de examinar con rigor la relación que existe entre los resultados y las necesidades de los sectores o aspectos evaluados. También, la evaluación puede ser holística, cuando tiene un carácter globalizador y comprensivo de los hechos evaluados, y transformarse en una metaevaluación, cuando se considera un medio eficaz para verificar y asegurar la calidad de las propias evaluaciones.

Dentro de las normas y criterios de evaluación de programas y proyectos, no hay duda de que las más aceptadas universalmente son las del Joint Committee on Standards for Educational Evaluation, una organización estadounidense presidida por David Stufflebeam, quizás una de las más destacadas autoridades en el área de la evaluación educativa y quien tiene la responsabilidad de orientar y asesorar en los Estados Unidos de Norteamérica las políticas y estrategias en este campo.

Las normas del Joint Committee aconsejan que toda evaluación se ciña a las siguientes condiciones:

- Utilidad.
- Viabilidad o factibilidad.
- Precisión y transparencia.
- Legitimidad.

NORMAS DE UTILIDAD

Tienen el propósito de asegurar que una evaluación satisfaga las necesidades prácticas de información de las audiencias.

a. *Identificación de la audiencia.* Las audiencias que participan o son afectadas por la evaluación deben identificarse, de manera que se puedan satisfacer sus necesidades.

b. *Confiabilidad del evaluador.* Las personas que dirigen la evaluación deben ser confiables y competentes al realizar la evaluación, de modo que sus resultados alcancen la credibilidad y la aceptación máximas.

c. *Selección y alcance de la información.* La información recopilada debe ser de tal alcance y pasar por tal selección, que dirija las preguntas pertinentes al objeto de evaluación y responda a las necesidades y a los intereses de las audiencias específicas.

d. *Claridad del informe.* El informe de evaluación debe describir el objeto por evaluar y su contexto, los propósitos, procedimientos y resultados de la evaluación, de manera que las audiencias puedan entender con rapidez lo que se ha hecho, por qué se ha realizado, qué información se obtuvo, a qué conclusiones se llegó y qué recomendaciones se hicieron.

e. *Interpretación valorativa.* Las perspectivas, los procedimientos y la fundamentación que se utilicen al interpretar los resultados deben inscribirse con cuidado, de manera que los fundamentos de los juicios de valor sean claros.

f. *Oportunidad de informe.* La publicación de los informes se debe hacer a tiempo, para que éstos no pierdan actualidad y vigencia.

g. *Trascendencia de la evaluación.* Las evaluaciones se deben planear y dirigir para estimular el cumplimiento de sus resultados y recomendaciones.

En síntesis, estas normas nos plantean, a título de recomendaciones, que una evaluación debe atenerse a las necesidades reales de los usuarios y que su información debe permitir resolver eficazmente los problemas planteados.

La *viabilidad* y la *factibilidad* tienen relación con el hecho de llevar a la práctica las estrategias de la evaluación; es decir, deben ser probables y posibles. Las normas de factibilidad tienen el propósito de asegurar que una evaluación sea realista, prudente y adecuada; de ahí la necesidad de que sus procedimientos sean prácticos, tengan viabilidad política, y de que las estrategias proporcionen una información de valor suficiente para fundamentar la inversión de los recursos empleados en el proyecto.

Una de las reglas de los resultados de la evaluación es que éstos deben ser objetivos y creíbles; de ahí la necesidad de que los instrumentos que se manejen sean lo suficientemente precisos y válidos. De igual manera, la descripción de los resultados que conformará el informe definitivo deberá ser muy clara, comprensiva y completa. Una evaluación debe proporcionar una información técnica apropiada acerca del objeto de estudio, lo que determina su valor o mérito. Estas normas de factibilidad tienen relación con la clara identificación de las formas del objeto, pero sin dejar por fuera el análisis del contexto en donde el proyecto se ubica, todo ello con el propósito de que se puedan identificar las posibles influencias sobre el objeto. Además, la precisión de la evaluación exige que existan fuentes de información confiable, control sistemático de datos, conclusiones fundamentadas e informes objetivos.

También se habla de las normas de legitimidad de una evaluación, las cuales tienen el propósito de asegurar que ésta se dirija, legalmente y con ética, en beneficio de quienes participan en la evaluación y a quienes afectan los resultados. Aquí hay que recordar que entre estas normas se incluyen la obligación formal de lo que se hará, cómo, por quién y cuándo, a través de un informe escrito, el cual será abierto, franco y honesto. Hay que actuar con rigor, pero hay que desechar todo tipo de influencias externas y ajenas a los resultados de las evaluaciones, o sea, evitar los estereotipos o intereses personales, que no hacen otra cosa que deformar o interpretar antojadizamente los resultados de la evaluación.

A juicio del Joint Committee, las evaluaciones de proyectos *son evaluaciones mediante las cuales se miden las actividades financiadas por un tiempo determinado para desempeñar una tarea específica. Algunos ejemplos son un taller de tres días con objetivos de conducta, el desarrollo de un examen de dos años de duración y la demostración de un proyecto educativo durante una carrera de tres años. Una diferencia importante entre un programa y un proyecto es que el primero debe continuar durante un período indefinido, mientras que el segundo es de corta duración. De hecho, los proyectos que se institucionalizan se vuelven programas*[6].

Muchas inquietudes surgen en torno a qué evaluar en un proyecto, y cómo, particularmente debido a la variedad de proyectos que existen y al hecho de que son ilimitados los propósitos y los objetivos de cada proyecto. Pero dentro del contexto social, cultural

---

6. JOINT COMMITTEE ON STANDARDS FOR EDUCATIONAL EVALUATION. *Normas de evaluación para programas, proyectos y material educativo*. Trillas, México, 1986.

y educativo nos encontramos con algunos aspectos comunes que pueden ser válidos para estos sectores. En un proyecto ¿qué debo evaluar? Veamos algunas de las normas más importantes, las cuales ayudan a definir y a identificar lo que se debe evaluar:

*   Identificación de la audiencia.
*   Confiabilidad del evaluador.
*   Trascendencia de la evaluación.
*   Viabilidad política.
*   Relación costo-producto.
*   Identificación del objeto.
*   Análisis del contexto.

Con anterioridad se hizo referencia a algunas de estas normas, las cuales nos pueden ayudar a identificar todo un abanico de posibilidades que tienen relación con el acto de evaluar. Pero, muchas veces, y según el tipo de proyectos, algunas de estas normas tienen más prioridad que otras, con lo cual se está señalando que ello va a depender de los objetivos que busque cada proyecto. Pero, independientemente, cualquier tipo de evaluación debe satisfacer las necesidades de los usuarios a los cuales está destinado el proyecto, para lo cual los resultados deben alcanzar la máxima credibilidad y aceptación. Por tanto, las personas que evalúen deben ser confiables y competentes en su trabajo evaluatorio. Si los evaluadores no utilizan procedimientos que hagan factibles estas evaluaciones, los esfuerzos serán inútiles e ineficaces.

De igual manera, las evaluaciones deben proporcionar información para fundamentar la inversión de los medios empleados en el proyecto, lo cual nos señala la necesidad de establecer una   relación de costo-producto, aun en los proyectos que no son estrictamente económicos. En este contexto es fundamental la identificación del objeto de la evaluación (programa o proyecto), el cual se debe examinar exhaustivamente, de manera que se identifique con claridad. Por último, ningún proceso de investigación, a nivel de proyectos, debe dejar de ser estudiado o examinado en todas aquellas condiciones que rodean al objeto y que pueden influir en su funcionamiento.

Tampoco, en el momento de definir el qué de la evaluación, podemos prescindir de la definición del problema, que, si bien no tiene la importancia que posee en la investigación científica, es de vital importancia, pues no se justifica un proyecto si no tiene por propósito al resolver un problema. De ahí la necesidad de definir el problema que servirá de punto de partida y de llegada de un proyecto.

A nivel instrumental, ¿cuáles son los aspectos fundamentales que se deben evaluar en un proyecto?

En un proyecto ya sea de investigación o educativo, identificamos los siguientes aspectos como puntos centrales de una evaluación:

- Antecedentes.
- Objetivos.
- Metodología.
- Programación de actividades y tareas.
- Recursos humanos.
- Recursos materiales.
- Recursos financieros.
- Aspectos sociales.

a.   *Antecedentes*. Se refieren a las etapas anteriores al proyecto, cuando se definen las causas o necesidades que justifican la realización del proyecto. Como ya lo señalamos anteriormente, se deben fundamentar en un diagnóstico o en una investigación.

- ¿Son suficientes los datos y la información que se suministran para comprender la situación problemática

92

o el problema que se desea resolver?

- La información o datos del diagnóstico preliminar o el análisis del problema ¿son actualizados y confiables?
- ¿Se analizó lo suficiente la situación real del problema?
- ¿Existe claridad sobre, y definición de, los aspectos prioritarios del problema?

b. *Objetivos*. Para evaluar adecuadamente un proyecto es fundamental que se formulen, de manera certera, sus objetivos. Los objetivos son lo que se desea alcanzar para presentar alternativas de solución al problema que justifica la realización de un proyecto. Hay que recordar que los objetivos no son la solución del problema, sino apenas las vías y las recomendaciones que conducirán a la solución, Muchos interrogantes surgen en torno a los objetivos y al papel que cumplen en la evaluación:

- ¿Qué niveles y grados de correspondencia existen entre los objetivos del proyecto, la situación problemática y los antecedentes planteados?
- ¿Son suficientemente claros, precisos y concretos estos objetivos?
- ¿Existe congruencia entre los objetivos del proyecto y los objetivos de los planes y programas donde se insertan los primeros?

c. *Metodología*. Es muy importante analizar los problemas metodológicos del proyecto, porque, muchas veces, en éstos encontramos el origen de algunas fallas del proyecto o algunas explicaciones complementarias que nos ayudarán a evaluarlo. Aquí se hace referencia a las estrategias o métodos para alcanzar los objetivos. O sea, la metodología es el planteamiento de los diferentes caminos por los cuales se optará para alcanzar estos objetivos. También existen numerosos interrogantes que la metodología debe tratar de responder:

- Para alcanzar los objetivos ¿se ha optado por los métodos más adecuados?
- ¿Existe correspondencia entre los objetivos del proyecto y la metodología utilizada?
- ¿Se han tomado en cuenta las experiencias anteriores en el momento de definir la metodología de trabajo?

d.   *Programación de actividades y tareas.* Además de tener una lista y un inventario completo de las actividades que se realizarán o se han realizado, es importante señalar las actividades que se consideran más importantes y prioritarias dentro del proyecto, porque ello ayudará a definir los criterios y los pasos de la evaluación. De igual manera, es fundamental para el proceso de evaluación determinar claramente los períodos iniciales y terminales de las actividades y tareas realizadas, las fechas límite, los recursos humanos y económicos utilizados, etc., información muy valiosa en el momento de establecer y definir las relaciones costos-productos, objetivos-resultados, problemas-soluciones, etc.

- Las fechas límites de las actividades y tareas ¿han sido cumplidas como fueron establecidas?
- ¿Fue oportuno el plazo total requerido para el desarrollo del proyecto?
- ¿Qué actividades o tareas se cumplieron y cuáles no? ¿Por qué?

e.   *Recursos humanos.* Muchas veces, tanto el éxito o el fracaso dependen no sólo de los medios y recursos económicos y materiales de que se disponga, sino de la calidad del trabajo y de la preparación de los recursos humanos responsables de las tareas y trabajos propios del proyecto.

- ¿fue adecuada la escogencia de las personas que participaron en el proyecto ?
- ¿Qué nivel de participación existió entre los usuarios del proyecto?
- ¿Existió suficiente control y seguimiento de las actividades y de las personas involucradas?
- ¿Se le dieron estímulos al personal responsable de las tareas y trabajos propios del proyecto?
- ¿Fue adecuada la preparación técnica y profesional de quienes participaron en el proyecto, o se requería mayor capacitación?

f.   *Recursos materiales.* Los recursos materiales que intervienen o se utilizan en el proyecto son siempre un capítulo importante en su desarrollo, ya que no basta que los recursos humanos sean adecuados, sino que también los aspectos locativos, tecnológicos e instrumentales son claves para facilitar las tareas propias del proyecto. Por eso, en el instante de evaluar estos recursos, surgen algunas preguntas:

- ¿Se utilizaron o se subutilizaron adecuadamente los recursos materiales?
- ¿Fueron suficientes o insuficientes estos recursos?
- ¿Qué actividades o tareas fueron afectadas por el volumen y la utilización de estos recursos?

g.   *Recursos financieros.* El presupuesto de un proyecto no es un simple requisito formal, sino una actividad indispensable para evaluar y medir los márgenes de error de los gastos y el grado de utilización de los recursos humanos, materiales y financieros de un proyecto. Muchas inquietudes pueden plantearse:

- ¿Fue suficiente el presupuesto?
- ¿Se emplearon todas las partidas del presupuesto? ¿Fueron adecuadamente utilizadas?
- ¿Existieron ingresos durante el desarrollo del proyecto?
- ¿Fueron confiables los estimativos en los gastos?
- ¿Existieron márgenes de error en el presupuesto? ¿Cuáles fueron?

h. *Aspectos sociales.* El contexto social y todos los aspectos externos al proyecto, quiérase o no, afectan directa o indirectamente el curso de éste. Son el equivalente de las variables extrañas de una investigación científica, las cuales, si bien no están directamente relacionadas con la investigación, y en éste caso con el proyecto, presentan algunos efectos no controlados o percibidos por los investigadores.

- ¿Cómo afectaron estos factores externos el curso del proyecto?
- ¿Existieron limitaciones sociales que determinaran el desarrollo del proyecto?
- ¿Colaboró la comunidad en el proyecto?
- ¿Qué efectos tuvo el proyecto en el sector donde se desarrolló?

Actividades, proyectos, programas y planes

Directa o indirectamente, el proyecto hace parte de un circuito o conjunto de niveles operacionales del cual no siempre se puede sustraerse, ya que los proyectos siempre están integrados a un plan o un programa que se constituye en su contexto operativo. Esta línea de acción, en la que se suceden actividad, proyecto, programa y plan, hace parte de un proceso de racionalización que va de lo específico a lo general, de lo inmediato a lo mediato, y que naturalmente involucra toda una serie de niveles, fases y pasos necesarios para alcanzar los fines que se persiguen en cada caso.

Muchas veces, estos conceptos se utilizan indistintamente como sinónimos, pero, como veremos en la práctica, tienen significados muy diferentes aunque entre sí se complementan y se reflejan. A juicio de los expertos, la actividad es la acción por antonomasia, y se la podría considerar como la unidad básica y mínima de un proceso operativo. Cuando existe capacidad para obrar o actuar, surge la actividad, pero también puede

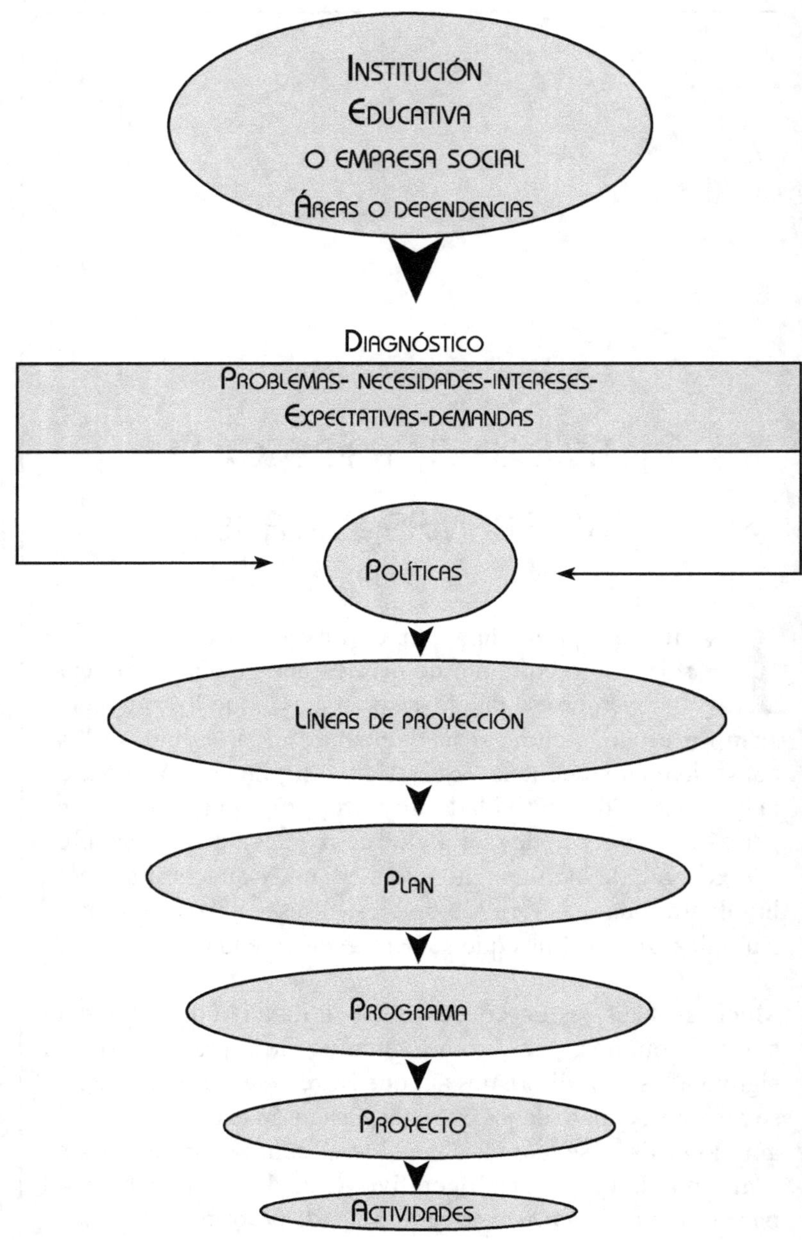

INSTITUCIÓN EDUCATIVA O EMPRESA SOCIAL ÁREAS O DEPENDENCIAS
DIAGNÓSTICO
PROBLEMAS- NECESIDADES-INTERESES- EXPECTATIVAS-DEMANDAS
POLÍTICAS
LÍNEAS DE PROYECCIÓN
PLAN
PROGRAMA
PROYECTO
ACTIVIDADES

En la gráfica se establecen las relaciones que existen entre los diversos niveles de planificación, organización y acción en una institución educativa o en una empresa social, donde el proyecto ocupa un lugar importante en el proceso operativo, pero a la vez necesita de las directrices teóricas y prácticas propias de los diagnósticos, políticas, líneas, planes, programas y actividades. Es muy importante que estas líneas de desarrollo tengan como punto de partida un diagnóstico que haga posibile tener una información básica sobre los problemas, necesidades, intereses, expectativas y demandas de una institución o una empresa. Ello nos enseña que el proyecto no es un acto aislado, sino que es una práctica y una experiencia contextualizada y vinculada a otros niveles de desarrollo.

constituirse en un conjunto de acciones o tareas que se realizan con un propósito determinado.

Se acepta la definición de programa como un conjunto de proyectos relacionados entre sí, el cual se caracteriza principalmente por implicar una distribución y un ordenamiento de las partes constituyentes de un todo orgánico. En política, programa designa un conjunto de principios, orientaciones, tareas, objetivos y soluciones concretas que se propone realizar una agrupación política. El verbo programar posee muchos significados diferentes, pero en todos ellos existen aspectos comunes. Por ejemplo, se habla del acto de preparar los datos previos indispensables para obtener la solución de un problema o, en su defecto, de todos los aspectos que sean indispensables para alcanzar algunos objetivos precisos.

La programación es un sistema de actividades agrupadas y fundamentadas en objetivos específicos para asignar trabajos y tareas a personas comprometidas, de acuerdo con sus intenciones y capacidades. Al igual que un proyecto, la programación se fundamenta en una información específica con respecto a los objetivos que persigue; o sea, una programación se apoya en los resultados del *diagnóstico* y tiene como referencia la situación definida como meta.

No se diferencian mucho las fases y etapas de un proyecto, programa o plan, ya que usualmente comprenden:

- Estudio, investigación o diagnóstico.
- Programación propiamente dicha.
- Ejecución.
- Evaluación.

Es lo que los expertos denominan estructura básica de procedimiento, que en la mayoría de los casos es válida para los niveles operativos mencionados. Pero si bien tiene validez como clasificación, en cuanto a las fases o etapas que comprende, no sucede así en cuanto a lo que cada unidad debe hacer en cada uno de esos momentos. Algunos plantean que a través del planear se construye una propuesta que nos permite establecer acciones para penetrar, prever o construir el futuro. Pero estas líneas proyectivas del futuro deben ser planificadas; o sea, se deben definir y organizar todos aquellos medios, recursos e instrumentos que permitirán alcanzar los objetivos. Pero es inútil pensar que se podrán cumplir éstos si no hacemos previamente un diagnóstico o una investigación que nos permita conocer y prever muchos aspectos necesarios para programar algunas acciones específicas.

El plan se refiere al aspecto global de todas las actividades de un proceso de desarrollo dentro de un período de tiempo determinado, que puede variar. En los planes se repiten las mismas fases y estructuras de un programa, y aun de un proyecto, pero su cobertura y sus alcances son mayores, ya que involucran áreas determinadas que pueden, por ejemplo, incluir países, regiones o comunidades. Se trata de un conjunto organizado de fines, objetivos, metas, instrumentos, medios o recursos para alcanzar objetivos que tienen que ver con el desarrollo de estas áreas o sectores económicos, geográficos, educativos, culturales, etc.

El plan es una concepción más amplia y general que el programa y el proyecto, y su diferencia con éstos radica en sus niveles de concreción y especificidad, a pesar de que muchas veces los términos se utilizan como sinónimos y sus significados son intercambiables.

Muchas dudas surgen en el instante de definir los conceptos de "programar" y "planificar", cuyos significados se confunden en algunas oportunidades, porque a la postre uno se refleja en el otro y existe continuidad y desarrollo en las acciones que orientan y organizan. *Planear* es decir de antemano qué hacer, cómo hacerlo, cuándo y quién deberá hacerlo. Según Koontz, la planeación se erige como puente entre donde se está y adonde se quiere ir. Sin planeación, los eventos quedan sometidos al azar. En cambio, la programación es un sistema de actividades agrupadas y fundamentadas en objetivos específicos para asignarles trabajos y tareas a personas comprometidas, de acuerdo con sus intereses y capacidades. La programación se fundamenta en una información previa específica y se basa en los datos provenientes de los diagnósticos, investigaciones o estudios que se realizan sobre el contexto, el medio o la situación donde se desarrollará el programa. Algunos especialistas afirman que la programación contribuye a la aplicación de los planes, pues facilita todo aquello que tenga relación con la disponibilidad de recursos, tiempo y tareas.

Pero cualquiera que sea el grado de especificidad y cobertura, no hay duda de que tanto en el caso del proyecto como en el del programa o plan rigen algunos criterios o pautas básicas, en el momento de elaborarlos. Ellos son los siguientes:

- Objetividad.
- Racionalidad.
- Definición de objetivos y metas.

- Metas y objetivos realistas (viables y operativos).
- Jerarquización de los objetivos.
- Compatibilidad y complementariedad de los objetivos.
- Definición de los recursos disponibles.
- Instrumentos y medios adecuados.
- Tiempo, ritmo y delimitación de el espacio.
- Flexibilidad: principio de adaptación a situaciones nuevas y diferentes.
- Estrategia para la acción.
- Coherencia (articulación de las partes).

En algunos casos, la política tiene una dimensión más amplia y general que un plan, aunque cumple funciones diferentes. Ésta puede ser una norma de acción general o un conjunto de principios que orientan y sustentan la acción. Y a pesar de que una política es amplia, establece los límites dentro de los cuales debe desarrollarse una actividad, un proyecto, un programa o un plan. Por ejemplo, existen políticas culturales, que son un conjunto de operaciones, principios, prácticas y procedimientos que pueden orientar a la acción cultural. También existen las políticas económicas, que son un conjunto de medios y medidas a través de los cuales se aspira a regular la vida económica de un país.

<table>
<tr><td colspan="5" align="center">FORMAS COMO ABORDAN UN PROBLEMA DETERMINADO UN PROGRAMA, UN PROYECTO Y UN PLAN</td></tr>
<tr><td rowspan="2">PREGUNTAS QUE NOS FORMULAMOS</td><td rowspan="2">IDENTIFICACIÓN</td><td colspan="3" align="center">QUÉ ES Y CÓMO SE ABORDA</td></tr>
<tr><td>PROGRAMA</td><td>PROYECTO</td><td>PLAN</td></tr>
<tr><td>QUÉ</td><td>Formulación general de las soluciones (programa)
Prácticas que se extenderán y soluciones (proyecto)</td><td>Conjunto de proyectos</td><td>Conjunto de actividades</td><td>Conjunto organizado de fines, objetivos, metas, instrumentos, medios y recursos</td></tr>
<tr><td>PARA QUÉ</td><td>Objetivos (programa, proyecto y plan)</td><td>Se establecen</td><td>Se revisan</td><td>Se revisan</td></tr>
<tr><td>POR QUÉ</td><td>Determinación de la importancia relativa de los problemas (programa)
Importancia (proyecto-plan)</td><td>Cuantitativamente, en comparación con otros</td><td>Específica</td><td>Se revisa</td></tr>
<tr><td>CÓMO</td><td>Métodos de extensión (plan)</td><td>Medidas administrativas, financieras y tecnológicas</td><td>Modalidades de operación</td><td>Procedimientos generales</td></tr>
<tr><td>DÓNDE</td><td>Análisis del problema (programa)
Ubicación (proyecto-plan)</td><td>Localización geográfica y relación con el área mayor inmediata</td><td>Localización específica Delimitación</td><td></td></tr>
<tr><td>QUIÉN</td><td>Personas y grupos que intervendrán (proyecto y plan)</td><td>Institucional</td><td>Limitado al sector o núcleo</td><td>Nominativo</td></tr>
<tr><td>CUÁNDO</td><td>Período (programa)
Fecha de iniciación y de término (proyecto)
Métodos de extensión (plan)</td><td>Señala límites extremos</td><td>Señala límites específicos</td><td>Señala fecha aproximada</td></tr>
</table>

Proyectos comunitarios

En la actualidad no existen estudios o actividades realizadas con la comunidad, llámense acción comunal, desarrollo de la comunidad, integración de la comunidad, acción social comunitaria, cooperación comunitaria o promoción comunitaria, que no tengan, como base y fundamento operativo, organizativo o investigativo, un proyecto. En la práctica, los proyectos de desarrollo comunitario son inseparables de cualquier acción o estudio que se adelante como respuesta a una problemática y que tenga como objetivo principal la solución de los problemas y las necesidades básicas de los sectores más pobres de la población. Algunas universidades e instituciones públicas y privadas han hecho esfuerzos para estructurar una metodología que facilite una visión integradora del proceso educativo y de la problemática de la comunidad, en sus interrelaciones históricas, estructurales y contextuales con la sociedad global. Y este proceso, que aspira a vincular la práctica educativa con la realidad social, ha tenido como base, principalmente, el sistema de proyectos.

Todas estas acciones han sido fundadas en ciertos principios orientadores que brindan, fundamentalmente, la acción y la investigación participativa, centrados en las necesidades humanas, la participación, la organización, el conocimiento, la concientización y la intencionalidad. Como método de trabajo, el proyecto busca operacionalizar tres principios básicos que orientan este tipo de actividades: investigación, docencia y extensión. Aquí, el individuo es capaz de generar una acción, la población, de desarrollar el sentido de la asociación, y al mismo tiempo de programar y ejecutar su proceso investigador, que es, a la vez, una experiencia educativa. Generalmente, en estos casos se utiliza la investigación-acción participativa, la cual asegura tal integración y participación.

¿Qué condiciones debe satisfacer el proyecto como método de trabajo? Son muchas, pero entre éstas vale la pena destacar las siguientes:

* Hacer posible el trabajo interdisciplinario y la participación activa de la comunidad durante todo el proyecto, para lo cual se debe constituir en un proceso sistemático, continuo y dinámico.

* Conocer muy bien el medio socioeconómico y cultural donde se actúa, porque el proyecto, como herramienta integradora, refleja y expresa las estructuras socioeconómicas de la comunidad participante.

* Analizar los problemas fundamentales de la comunidad e identificar, en primera instancia, sus posibles causas y evolución.

* Clasificar y jerarquizar en forma clara y objetiva los problemas.

* Conocer todos aquellos aspectos que pueden motivar, despertar y desarrollar el trabajo de las comunidades.

* Con base en la información obtenida, diseñar, con la comunidad, una solución para estos problemas y planear las acciones que viabilicen la ejecución y proyección de éstas.

*   Realizar una evaluación flexible de las experiencias y los
        resultados del proyecto.

En estas condiciones se encuentran claramente delimitados algunos aspectos del proyecto, como la inserción de la comunidad, el
conocimiento de ésta, el análisis de sus problemas, la clasificación
de éstos, los factores de motivación en el trabajo, la identificación
de las soluciones y respuestas y, finalmente, una evaluación del
proceso completo y de sus resultados.

Los especialistas en trabajo comunitario recomiendan que el
método para la acción, se desarrolle dentro de ciertos criterios
establecidos en el marco conceptual, para no caer en un tipo de
investigación convencional, porque un trabajo participante exige
una concepción diferente. Lo importante no es tener algunos pro-
gresos entre personas aisladas, sino que el éxito de un proyecto
comunitario va a depender de la capacidad de fortalecer y de crear
la conciencia comunitaria, con lo cual se garantiza la continuidad
de los resultados alcanzados por un proyecto determinado.
¿Qué consideraciones preliminares se deben atender en un proyecto comunitario? Existen tres aspectos que son claves al iniciar
un proyecto:

*   Las necesidades y los problemas de la comunidad donde se
    desarrollará el proyecto.
*   El tipo de proyecto.
*   La forma en que el proyecto y la comunidad actuarán en la
    solución de estos problemas y en cada una de sus fases.

NECESIDADES Y PROBLEMAS DE LA COMUNIDAD

En el trabajo participativo a nivel comunitario existe un principio
que define y caracteriza esta modalidad: que cualquier problema o
necesidad que se incorpore como propósito de los proyectos debe

surgir de la propia comunidad. Se debe evitar aquella práctica, muy difundida entre algunas instituciones privadas y públicas o entre personas aisladas, de definir y caracterizar un problema desde fuera de la comunidad, siempre con el argumento de que un especialista externo ve y percibe mejor este tipo de problemática. Con ello se les niega a los presuntos sectores beneficiarios de los proyectos participar activamente en todo el proceso. O sea, el problema del proyecto debe surgir de una necesidad sentida por una comunidad en un tiempo, en un espacio y en un contexto dados. El papel de las personas que participan en el proyecto es ayudar a la comunidad a identificar y resolver sus problemas.

TIPO DE PROYECTO

a. *Nacimiento del proyecto.* El origen de un proyecto puede ser institucional o comunitario, condición que puede determinar el desarrollo y realización de éste. Existen numerosos proyectos que nacen como resultado de una iniciativa promovida por instituciones privadas u oficiales, los cuales pueden tener dos caminos diferentes: que el proyecto sea orientado, dirigido y puesto en práctica, desde sus inicios hasta su culminación, por las instituciones, pero que posteriormente el proyecto sea recuperado por la comunidad que se lo apropia, o que la comunidad asuma la responsabilidad desde sus inicios y la institución sólo la ayude o asesore.

b. *Núcleo del trabajo.* Algunas veces se habla en abstracto de la comunidad, sin entrar a especificar de qué segmento o núcleo de la comunidad se trata. Naturalmente, un proyecto no puede involucrar a todos los habitantes o sectores de la comunidad, sino que siempre se centra en uno de ellos, que en muchos casos puede ser parcialmente representativo de todo el conjunto. De ahí la necesidad de delimitar los sectores de trabajo del proyecto, con lo cual se evitará que éste

108

pierda su identidad y se vuelva vago y ambiguo. Por eso, un proyecto debe establecer sus límites de acuerdo con los propósitos y los objetivos que se establezcan. Por ejemplo, por su ubicación geográfica, éste puede ser urbano o rural. Según la edad, la población puede estar integrada por niños en edad preescolar o escolar o por adolescentes. También, de acuerdo con la actividad económica, puede estar conformada por obreros, campesinos, empleados, profesionales, etc. O según el tipo de organización al cual pertenezca: gremial, religiosa, educativa, cultural, cívica o deportiva. Se pueden combinar estas variantes, pero cuidando definir o delimitar los espacios de cada uno para evitar presiones o contradicciones. Sabemos que la homogeneidad social, económica, cultural, educativa o cronológica puede constituirse en la garantía de éxito de estos proyectos.

c. *Necesidades, problemas, intereses y expectativas.* En diversas oportunidades no bastará con plantearse como propósito de un proyecto el satisfacer una necesidad o resolver un problema, sino que este proceso debe convertirse en un acto de conciencia de los sectores involucrados. Es fundamental que estos problemas y necesidades hagan parte de los intereses, los sentimientos, las actitudes, los valores las expectativas, las esperanzas y los deseos de las personas. Desde fuera, y a los ojos de los expertos, un problema o una necesidad económica, social, de servicios o sociopolítica, puede ser prioritaria; pero quizá no sea así para los habitantes de una comunidad. En algunos casos, los criterios y los puntos de vista coinciden, pero otras veces no. También, lo que espera la población involucrada en un proyecto es importante como factor de motivación y de participación.

d. *Procedencia de las personas que participan en el proyecto.* Sabemos lo importante que es contar, en el equipo del proyecto, con personas que pertenezca a la comunidad, porque, a la postre, esto hace posible una mejor inserción y da mayor acceso a muchos aspectos que no siempre son captados por agentes externos a la comunidad. Algunos creen que en un proyecto comunitario debe existir un equilibrio entre los dos agentes, internos y externos, ya que su labor es complementaria y de apoyo.

e. *Fases y etapas de un proyecto.* Por razones operativas, un proyecto siempre se subdivide en fases o etapas relacionadas entre sí. Ello facilita la entrada o la salida de las personas de la comunidad que desean participar en una u otra. Generalmente, en los proyectos comunitarios se perciben las siguientes etapas:
  * Promoción.
  * Organización.
  * Capacitación.
  * Planificación.
  * Ejecución.

Pero, independiente, de que el proyecto sea una experiencia abierta, no podemos olvidar que es una experiencia unificada, compartida y continua; de lo contrario, cada fase se puede convertir en una entidad autónoma.

Proyectos y comunidad actúan en la solución de los problemas

a. *Cuánto y dónde deben actuar los propulsores del proyecto y la comunidad.* Muchos investigadores sociales están convencidos de que la comunidad debe participar en todo el proyecto, pero, en cambio, otros creen que la participación se debe dar de acuerdo con las posibilidades que se presenten en la comunidad. No todos están en condiciones de participar en todo, ya que ello sería caer en un juego demagógico y populista. A juicio de muchos, esta participación debe ser deliberada, o sea, se deben sopesar los motivos a favor o en contra de una determinación. Habrá que debatir y discutir las cosas, y plantear opiniones diferentes. En la primera etapa de un proyecto, es fundamental la presencia motivadora, organizadora y asesora de los propulsores del proyecto, ya que, la mayoría de las veces, la sola existencia de un proyecto no es garantía de participación por parte de la comunidad; de ahí la necesidad de que estos propulsores motiven e inciten a esta participación.

b. *Realización de las fases o etapas de un proyecto.* Se hace muy difícil hablar de un patrón único de etapas y fases de un proyecto, ya que éstas cambian según el tipo de proyecto y según los objetivos que se plantean en cada caso. En un proyecto comunitario se pueden percibir claramente dos grandes etapas:

- Una *investigativa*, que comprende desde la introducción al proyecto hasta la determinación de la comunidad como núcleo de trabajo.
- Una que comprende todo el proceso de acción y realización, que incluye desde la planificación de las actividades hasta su ejecución.

Analicemos algunas de las etapas más importantes de un proyecto.

FASES Y ETAPAS DE UN PROYECTO

a. *Introducción al proyecto.* Antes de diseñar y planificar un proyecto, es indispensable realizar un acercamiento previo a la comunidad, destacando las posibilidades, características y dificultades que puede enfrentar el proyecto. Además de las necesidades y problemas más destacados, se deben delimitar e identificar los espacios, etc.

Veamos algunos aspectos básicos que hay que conocer previamente de diseñar un proyecto:

* Historia de la comunidad.
* Distribución y ubicación geográfica.
* Características demográficas.
* Organizaciones económicas.
* Organizaciones de salud y de asistencia social.
* Organizaciones religiosas.
* Otras organizaciones.
* Administración de la comunidad.
* Sistema educativo.
* Problemas sociales.
* Vivienda.
* Actividades económicas fundamentales.
* Economía local.
* Situación laboral.
* Zonas y actividades de recreación.
* Actividades culturales y artísticas.
* Inseguridad y problemas de orden público.

¿Y cuáles serán las fuentes de información para conocer todo esto? Se deben consultar todas las fuentes posibles, desde el censo de población del Dane hasta las observaciones directas que puedan hacerse sobre el terreno o el contacto directo que pueda establecerse con los líderes de la comunidad. En este caso debe existir un proceso exploratorio y de búsqueda que necesariamente debe involucrar a todos los sectores que, en forma directa o indirecta, nos proporcionen información. En muchas oportunidades, debido a la inexistencia de estudios escritos sobre la realidad de la comunidad, se utiliza la información proporcionada por las personas más viejas, las cuales pueden ayudar a reconstruir una problemática que sólo estaba en la memoria colectiva de la población.

Uno de los capítulos más importantes en este proceso de recolección de información previa tiene que ver con los aspectos motivacionales de la población. Éstos se pueden constituir en verdaderos mecanismos de motivación e, incluso, de precisión para asegurar el éxito de un proyecto y la participación activa de la población en todo su desarrollo. Dentro de estos aspectos motivacionales, ¿qué es indispensable previamente?

- Identificar los posibles grupos que participen o estén interesados en el proyecto.
- Identificacar los valores dominantes de la población y todo aquello que pueda constituir verdaderos incentivos para la población.
- Conocer todos los factores socioculturales y los mecanismos de resistencia de la población, que pueden constituirse, a la postre, en problemas y limitaciones para el desarrollo del proyecto.
- Identificar los medios de comunicación y de información que se pueden utilizar para comunicarse con la población.
- Estudiar los grados de afinidad y de incompatibilidad que haya entre las personas que hacen parte de la comunidad, así como las rivalidades, los conflictos y los prejuicios que se dan en la comunidad y que pueden servir de apoyo al proyecto o constituirse en obstáculo para el mismo
- Conocer todas las formas de organización existentes en la comunidad, sean formales o informales.

b. *Trabajo previo con los representantes de la comunidad.* Dentro de la política que busca un reconocimiento previo de la comunidad en la medida de la cual se va a llevar a la práctica el proyecto, es importante diseñar un anteproyecto sobre la base de algunos aspectos que hayan sido analizados, discutidos y desarrollados con los representantes de la comunidad vinculados al proyecto. Este anteproyecto deberá surgir de:

- Un intercambio de información y experiencias.
- Un proceso indagatorio y exploratorio a nivel general.
- Un diagnóstico general, hecho con el propósito de definir el tipo de objetivo que se desea alcanzar.
- Una propuesta inicial, en la que se señale lo que se va hacer, cómo y cuándo, y qué temas y problemas se involucran.

c. *Capacitación de los participantes.* Aunque más adelante se contempla un proceso de capacitación para todas las personas que participan en el proyecto, no hay duda de que la capacitación debe comenzar antes de iniciar el proyecto, porque muchos aspectos de éste pueden ser incomprensibles para la población de menor nivel educativo o cultural. Así como los propulsores del proyecto deben entrar a informarse sobre los problemas y necesidades de la comunidad, los miembros de ésta deben conocer todos los aspectos inherentes al proyecto y los medios que se utilizarán para llevarlo a la práctica. Esta capacitación será permanente durante todo el tiempo que dure el proyecto, y puede variar en la medida de las exigencias que éste imponga.

d. *Problema del proyecto.* Aunque en un proyecto, como unidad de trabajo, los objetivos poseen preeminencia sobre el problema, éste no deja de tener importancia como elemento orientador del trabajo que se realice. Una investigación científica gira en torno a un problema, ya que ella no se justifica sin la existencia de un problema por resolver. Éste debe tener su origen en la misma comunidad o grupo seleccionado. El propósito básico al buscar la solución de ese problema consiste en mejorar las condiciones de vida de las personas involucradas. Por eso, en la mayoría de los casos, los proyectos comunitarios se efectúan en sectores y grupos pobres o marginales de la sociedad. La solución de los problemas requiere que esas personas tomen conciencia de su situación, se movilicen y se organicen, de tal modo que puedan emplear en la mejor forma sus capacidades y recursos. La comunidad o el grupo involucrado debe participar en el proceso de construcción, formulación y justificación del problema. Ello obliga a los participantes en el proyecto a desarrollar actividades que inciten, motiven y concienticen a la población con relación al tipo de problemática que la afecta.

El error de muchos agentes externos a la comunidad es desconocer la situación objetiva de una realidad en el momento de plantearse los problemas. El problema debe ser el resultado de condiciones reales y concretas vividas por los integrantes de una comunidad.

e.   *Planificación de las actividades.* El definir y determinar la secuencia de las fases, etapas, acciones y procedimientos de un proyecto, además de señalar los recursos materiales y humanos que se requieren, es una tarea clave para el éxito de un proyecto comunitario. Si bien deberá existir un cronograma de actividades y una descripción del desarrollo del proyecto, no hay duda de que la planificación debe ser flexible, y adaptarse a situaciones cambiantes y diferentes que pueden no haber sido contempladas.

f.   *Trabajo de campo.* A juicio de los expertos, lo ideal es que la implementación del proyecto sea obra de la comunidad,

ya que esto no sólo la compromete con las acciones que se
adelantan, sino que es una garantía de que habrá continuidad
de las labores que se adelanten una vez culminado el proyecto. Las mismas personas que lo hicieron posible podrán
continuar con todo aquello que contribuya a consolidar sus
resultados.

g. *Control y evaluación.* En todo proyecto comunitario, la
    evaluación formativa o procesal es tan importante como los
    resultados propios de la evaluación sumativa. La evaluación
    y el control a nivel formativo hacen posible realizar ajustes
    y autoajustes, es decir, propician o garantizan que las fallas
    del proyecto sean rectificadas. De igual manera, deben utili-
    zarse todas las variantes de la evaluación como, por ejemplo,
    la autoevaluación y el autodiagnóstico, ya que un proceso
    valorativo debe ser responsabilidad prioritaria de la propia
    comunidad, y no el resultado de un juicio de expertos.

El proyecto en el campo educativo

En la escuela y en la educación en general, el proyecto ha tenido una importancia muy significativa no sólo como estrategia propia de la planeación educativa sino como un plan de acción fundamentado y organizado en la institución educativa. Muchas veces se ha convertido en una alternativa innovadora que ha sido utilizada para romper la rigidez de los programas y currículos cerrados y estimular el sentido crítico, la actividad en grupo y el potencial investigador de los estudiantes. El carácter puntual y específico de los proyectos hace posible vincular el trabajo, el aula y la escuela con la realidad social, en tal grado que algunos autores nos hablan del proyecto educativo como herramienta inseparable de la praxis educativa. De igual manera, es un medio importante para desarrollar la independiencia y la responsabilidad, la práctica social y la participación de los estudiantes. En EE.UU. y en algunos países europeos ha llegado a desplazar a la clase tradicional y ha transformado los currículos en entes globales, flexibles y abiertos, orientados por la acción de los proyectos.

El proyecto tiene, en el campo educativo, muchas variantes que pueden traducirse en términos de *proyecto pedagógico, proyecto curricular, proyecto institucional, proyecto didáctico, proyecto educativo institucional, proyecto de vida* o simplemente *proyecto de aula.* Aunque no se sabe en forma precisa quién fue el iniciador del método de proyectos en la educación, algunos le atribuyen al norteamericano William H. Kilpatrick (1918) la paternidad de un método y una técnica didáctica que utilizó inicialmente para enseñar el pensamiento de John Dewey y que posteriormente se convertiría en un método y en una forma de trabajo en educación. Desde sus inicios, Kilpatrick, en su libro *The Project Method,* concibe el método de proyectos como una actividad que se desarrolla ante una situación problemática, concreta y real, que exige soluciones prácticas. De ahí que la labor con proyectos se asocie más al trabajo con cosas que con ideas, y en ella participan activamente tanto el docente como el estudiante. La educación tecnológica lo adoptó como una de sus formas de trabajo, quizás porque el conocimiento del objeto técnico impone ciertas exigencias metodológicas y técnicas como, por ejemplo, saber por qué ha sido fabricado, cómo está hecho, quién lo fabrica o cuánto cuesta producirlo.

Autores como Michael Knoll afirman que el proyecto es un concepto que data de los siglos XVII y XVIII y que inicialmente tuvo la misma categoría que el *experimento* de las ciencias naturales o el *estudio de caso* de los juristas. A comienzos del siglo XX el término se incorporó al currículo escolar con el propósito de estimular la iniciativa, la búsqueda, la investigación y el trabajo independiente entre los estudiantes, además de servir de mediador para articular la teoría con la práctica. Según Knoll, a diferencia del experimento y del estudio de caso, el método de proyectos no es una herramienta empírica, hermenéutica o propia de los estudios estratégicos, sino un verdadero proceso de construcción.

El método de proyectos propuesto por John Dewey en su escuela de aplicación de Chicago consiste en hacer realizar al alumno un trabajo libremente escogido y ejecutado, que puede ser la fabricación de un objeto o un trabajo relacionado con las actividades escolares. El maestro guía, anima y evalúa el resultado. Según él, un método de proyectos debe necesariamente desarrollarse en seis fases:

- La experiencia de un obstáculo.
- El reconocimiento de la adecuación de esquemas intelectuales disponibles.
- La inspección de datos e informaciones almacenadas.
- La elaboración de nuevas vías.
- La prueba de hipótesis.

En la primera fase, el profesor conduce al estudiante hacia una o varias ideas sobre la base de una ecuación que debe resolver y que a la postre caracteriza el proyecto de manera general. En la segunda, el profesor debe verificar la capacidad de los alumnos para resolver problemas y, principalmente, si poseen la información necesaria para desarrollar su proyecto. En la tercera, el alumno debe traducir en acciones prácticas algunas ideas básicas durante todo el proceso educativo. En la cuarta, el estudiante comienza a construir sus propias estructuras cognoscitivas, que a la postre le permitirán organizar las bases del proyecto. Finalmente, en la última fase, deben buscarse todas la posibilidades encaminadas a la solución de problemas planteados.

La filosofía pragmática de Dewey encuentra en el proyecto las condiciones ideales para desarrollar un ideario pedagógico centrado en la experiencia, donde la teoría se infiere de la práctica y donde la filosofía no es otra cosa que una simple reflexión sobre la experiencia. Para Dewey, el proyecto es la empresa de la infancia, pero una empresa común de profesores y alumnos. Si bien a Kilpatrick le corresponde el mérito de haber sistematizado y posteriormente popularizado el método de proyectos, éste no se aparta de las ideas básicas de Dewey sobre la experiencia. Para él, la infancia adquiere conocimiento resolviendo problemas en situaciones sociales. Pero la teoría de la experiencia de Dewey tiene una dimensión más psicológica en Kilpatrick, quizás debido a la influencia de la psicología del aprendizaje de Thorndike, a la que considera como el elemento crucial en el proceso de aprendizaje.

Kilpatrick clasifica los proyectos en cuatro categorías:

- *Proyectos de producción* (*producers projects*), cuyo propósito es producir algún artefacto.
- *Proyectos de consumo* (*consumers projects*), cuyo objetivo es utilizar algún objeto producido por otros, que el alumno aprenderá a evaluar, a apreciar y a aplicar.
- *Proyectos problemas* (*problem type*), dirigidos a enseñar a solucionar problemas.
- *Proyectos de mejoramiento técnico y de aprendizaje* (*achievement type*), cuyo propósito es, por ejemplo, enseñar a manejar un computador.

Son muchas y diferentes las variantes y modalidades que asume el método de proyectos en la educación, muchas de los cuales buscaron apartarse de los modelos de Dewey y de Kilpatrick. Pero cualesquiera que sean sus concepciones, todas ellas, de una u otra forma, están orientadas a ayudar al educando a que asuma una situación auténtica de vivencia y de experiencia en contacto con la realidad, para que ejercite el pensamiento creativo, desarrolle la capacidad de observación y aprecie en forma concreta y práctica la necesidad de cooperación y colaboración en el acto pedagógico, así como para que tenga acceso a oportunidades que le permitan comprobar ideas por medio de la aplicación de las mismas. En general, el método se plantea, como premisa básica, convencer al educando

120

de que él puede, siempre que piense y actúe adecuadamente. De igual manera, estimula su iniciativa, su confianza en sí mismo, y le otorga un sentido de responsabilidad a nivel pedagógico. No hay que olvidar que John Dewey, como buen pragmático, condena el programa formal y entiende el currículo como un cuerpo de experiencias, materias y actividades en el que la técnica del proyecto sirve muy bien a sus propósitos.

Se acostumbra orientar el método de proyectos hacia la persona, el grupo o la clase, pero en estos últimas décadas se ha extendido a la institución educativa y a la comunidad. En el primer caso, cada niño elabora su proyecto y lo va realizando poco a poco. Al finalizar el período de clases, a cada educando le corresponderá presentar lo que ha realizado, lo cual es analizado y discutido por todo el grupo. En el segundo caso, estos proyectos son desarrollados por grupos, a los cuales les corresponde elaborarlos y ejecutarlos, ya que a la postre esa es una forma de trabajo que integra y promueve el trabajo colectivo, que también es debatido por toda la clase. Y con relación al proyecto de aula, le hemos dedicado un trabajo especial, debido a la importancia que ha adquirido en la actualidad.

No hay duda de que el método de proyectos tiene una enorme ventaja sobre otros, debido a su amplitud y flexibilidad, ya que hace posible trabajar con una o más disciplinas o sea que se pueden realizar proyectos interdisciplinarios, multidisciplinarios y pluridisciplinaros por medio de los cuales es posible integrar actividades, contenidos y personas dentro del aula o de la institución. Todas estas disciplinas se integran y se articulan a partir de un propósito o de un objetivo común, lo cual tiene muchos riesgos, debido a los problemas que implica caer en una yuxtaposición o suma de ideas, métodos o técnicas. Muchos proyectos interdisciplianrios fracasaron debido a la incapacidad por parte de los equipos de trabajo de alcanzar estos niveles de articulación, lo cual no necesariamente está demostrando que existan numerosos obstáculos para unificar mecanismos, estrategias y métodos que pueden ser comunes a varias disciplinas diferentes. Aquí hay que recordar que las dos nociones básicas que manifiestan el aporte interdisciplinario son:

- La producción de nuevas estructuras, o reestructuración de las ciencias.
- El intercambio de enfoques, elementos o resultados obtenidos en cada disciplina.

Según R. K. Merton, las murallas que aislan las diferentes disciplinas, levantadas por la división del trabajo científico, pueden ser superadas si se las reconoce como los expedientes provisionales que en realidad son. Son hipótesis que, en el proceso de articulación, se irán descubriendo, para eliminar las barreras y obstáculos hasta alcanzar la unidad final.

Para garantizar las condiciones y la eficiencia en el funcionamiento del método de proyectos, según los franceses Marc Brut y Louis Not, que nos hablan de la *pédagogie du projet*, se deben respetar las siguientes dimensiones: la planificación del proyecto, la implementación del curso, el material didáctico, la información, el procedimiento, el alumno y el profesor. Pero, además, los siguientes aspectos:

- Método no directivo.
- Motivación.
- Espíritu de trabajo en grupo.
- Espíritu de iniciativa.
- Integración de materias.
- Retroalimentación.
- Interacción.

En este terreno existen notorias diferencias entre los planteamientos de los autores franceses y los de los norteamericanos, éstos muy atados aún a las teorías de Dewey y de Kilpatrick. Por ejemplo, según Laurent Dubois, para practicar la pedagogía del proyecto es

122

indispensable adherirse a las recientes teorías del aprendizaje, que hacen una distinción entre enseñanza y aprendizaje. Esta diferencia modifica notoriamente las relaciones tradicionalmente existentes en el triángulo didáctico maestro-alumno-saber. En esta óptica, el maestro no es el que transmite los saberes, ni el alumno es el sujeto pasivo de los aprendizajes, sino que el acceso al conocimiento se hace a través de una aplicación sucesiva de un conjunto de nociones. La pedagogía del proyecto permite darle sentido al aprendizaje de los alumnos. Para los detractores de esta teoría, esta modalidad no se inscribe en ningún plan de estudio de enseñanza y sólo tiene utilidad como apoyo a la acción más continua y permanente de la escolaridad obligatoria.

El método de proyectos —ya lo dijimos— puede orientarse hacia la persona, el grupo o toda la clase. En el primer caso, cada niño elabora su proyecto y lo va realizando poco a poco. Al finalizar el período de clases, a cada educando se corresponderá presentar su proyecto, el cual es analizado y discutido por el grupo. En el segundo caso, éstos son desarrollados por grupos a los cuales les corresponde elaborar y ejecutar el proyecto, que también es debatido por toda la clase.

Metodológicamente, es muy difícil señalar fases y pasos para el desarrollo de un método de proyectos, porque éstos, como lo señalamos anteriormente, cambian según la modalidad del proyecto o el área a la cual esté destinado. Pero, a juicio de autores como Maguire y Titon, se pueden percibir algunas fases básicas en el desarrollo del métodos de proyectos en la escuela o en el aula, que serían las siguientes:

Selección y elaboración del proyecto
(docente, educando o educandos)

Planeamiento
del proyecto

Previsión de la ejecución
del planteamiento

Recolección de información y selección
del material

Presentación en clase del proyecto ejecutado,
para su discusión.

Síntesis del trabajo realizado y de la discusión
en torno a éste.

El concepto método de proyectos es genérico y en el campo educativo puede tener muchas significaciones que van a depender del área donde se realice: aula, institución educativa, currículo, PEI (Proyecto Educativo Institucional), etc. El proyecto curricular, como su nombre lo indica, se relaciona con los currículos de las instituciones educativas. Tradicionalmente, para realizar esta tarea, se tienen en cuenta:

* El diseño curricular vigente.
* La legislación educativa pertinente.
* Los propósitos y objetivos que lo motivan.
* El entorno y la circunstancia en los que se va a realizar.
* El PEI.
* La historia de la institución y su situación actual.

Son numerosos los propósitos que promueven la elaboración de un proyecto curricular, ya que se puede buscar un cambio sustancial del currículo, un mejoramiento cualitativo de éste o la realización de un proyecto piloto o experimental con el propósito de obtener toda la información y experiencia necesarias que sirvan como referente para probar nuevas formas de trabajo. El mejoramiento del currículo puede constituirse en un proyecto en la medida en que no sólo se proponga realizar sólo algunos ajustes formales al currículo vigente, sino cambiar y renovar su forma de percibir y resolver los problemas inherentes a la enseñanza y al aprendizaje. No se justifica diseñar un proyecto que sólo aspira a modificar algunos aspectos que se pueden resolver por otras vías, más directas e inmediatas. Tradicionalmente, han existido varios caminos para mejorar un currículo, a través de los cuales se puede canalizar la acción de un proyecto:

* A través de una planificación central que abarque la totalidad del sistema académico-pedagógico.
* En su foco, o sea, el aula y la escuela.

- A través del perfeccionamiento y la capacitación profesional del personal docente.
- Mediante una supervisión del trabajo de ese personal.
- Por medio de la reorganización de las experiencias del alumno y de la propia escuela.
- Merced al uso de la evaluación, la investigación y la experimentación.

Lo ideal es emplear todos estos procedimientos de manera combinada, de acuerdo con las necesidades de las escuelas o de los sistemas escolares. Según se opte por algunos de estos procedimientos, en el proyecto se podrá hacer más énfasis en un aspecto que en otro. En el caso de que el proyecto se proponga crear un currículo nuevo como resultado de un diagnóstico general, se deben identificar previamente las necesidades, los problemas, los intereses y las expectativas de la población o institución donde se aplicará el currículo. Si sólo aspira a un mejoramiento de este currículo, es muy importante efectuar una investigación evaluativa que permita conocer las fallas y limitaciones del currículo vigente, y los procedimientos para resolverlas. El término mejorar puede tener, en estos casos, diversos significados, porque puede entenderse como algo que se perfecciona, corrige o reforma, y que necesariamente deberá ser superior a lo anterior. En un sistema más amplio, el concepto lleva implícita la idea de superación, de progreso o de enriquecimiento; de ahí la necesidad de que en el proyecto exista claridad sobre lo que es favorable o desfavorable en cada caso, pues de lo contrario, el sentido de *mejoramiento* tendrá un significado relativo y subjetivo. Aunque se dificulta cualquier intento de definir los pasos de un proyecto de este tipo, recordemos algunos pasos y componentes ya convencionazados en este terreno, y que según la vía que se adopte pueden tener mayor o menor importancia.

A. FORMULAR LOS OBJETIVOS Y LOGROS CURRICULARES

- Precisar las necesidades que se atenderán.
  * Identificar los propósitos del sistema y del suprasistema.
  * Seleccionar las necesidades que se atenderán.
  * Jerarquizar las necesidades seleccionadas.
  * Cuantificar y calificar las necesidades seleccionadas.
- Caracterizar al alumno insumo.
- Elaborar el perfil del egresado.
- Definir los objetivos y logros curriculares.

B. ELABORAR EL PLAN DE ESTUDIOS

- Seleccionar los contenidos.
- Derivar de los objetivos particulares los objetivos curriculares.
- Estructurar los cursos del plan de estudios.

C. DISEÑAR EL SISTEMA DE EVALUACIÓN

- Definir las políticas del sistema de evaluación.
- Seleccionar los procedimientos de evaluación.
- Caracterizar los instrumentos de evaluación requeridos.

D. ELABORAR LAS GUÍAS Y LOS PROCEDIMIENTOS METODOLÓGICOS Y OPERATIVOS

- Elaborar los propósitos generales de los cursos.
- Elaborar los propósitos específicos de los cursos.
- Especificar los contenidos de los cursos.
- Diseñar las experiencias de aprendizaje para cada curso.
- Definir los criterios y los medios para la evaluación de cada curso.

Naturalmente, todas estas etapas requieren un proceso de instrumentación, o sea, un conjunto de operaciones que harán posible la realización y posterior aplicación del proyecto curricular. Entre estas operaciones se incluyen la capacitación de los profesores, la elaboración de los instrumentos de los recursos didácticos, los ajustes del sistema administrativo al sistema curricular, la solución de los aspectos locativos, las consultas a las comunidad, etc.

Con un sentido más genérico y más amplio se realizan los *proyectos educativos institucionales* o *de centro,* con el propósito de efectuar una práctica educativa lo más coherente y eficaz posible, teniendo en cuenta su propia realidad. Por su amplitud, prácticamente involucra la mayoría de los componentes de una institución, y sus funciones muchas veces se confunden con las acciones propias del PEI. Quizás por la amplitud del término, los denominados proyectos pedagógicos abarcan toda una gama de elementos que necesariamente aluden a los medios de acción que se utilizan en el sistema educativo. O sea, hacen referencia al conjunto de procedimientos y medios técnicos-operativos que se orientan a la enseñanza y al aprendizaje y que involucran a los actores de este proceso: docentes, estudiantes y comunidad educativa en general. Este tipo de proyectos tiene un carácter interdisciplinario porque integra y articula en una acción conjunta, disciplinas como la psicología, la sociología, la biología, la administración, la antropología, etc.

Pero no hay duda de que lo que reúne aspectos de los otros tipos de proyectos es el PEI, una modalidad concebida como un proceso de construcción colectiva de las situaciones y necesidades de los estudiantes, del proceso pedagógico, de la estructura institucional de la escuela y del entorno sociocultural, tanto a nivel local como regional o nacional. Para algunos autores el hecho de que el PEI involucre todos los componentes del proceso educativo lo convierte en un macroproyecto, con dimensiones que van más allá del carácter específico y puntual de cualquier proyecto. Pero, independientemente del sentido figurado o no que tenga el término proyecto en estos casos, el PEI es un intento de hacer realidad lo que tradicionalmente ha tenido un significado puramente teórico y formal: la comunidad educativa. En la escuela tradicional, los agentes y los elementos que participan en la institución y en el proceso educativo tienden a trabajar en forma independiente unos de otros, o sea, no existe unidad de acción y de criterios en el momento de planear y ejecutar el acto educativo, que de hecho, debe ser una actividad compartida. El PEI se puede convertir, en la práctica, en un ente aglutinador, planificador y coordinador de todas las actividades y de todas las personas que participan en este preoceso.

Algunos creen que la participación de tantas personas y elementos desvirtúa cualquier intento por orientar los objetivos hacia fines específicos como se hace tradicionalmente en cualquier proyecto. Que, más que un proyecto, es un verdadero programa de trabajo porque a la postre compromete muchos contenidos y personas, salvo que exista acuerdo entre todos los estamentos para centrar su acción en un objetivo específico. Si bien existe libertad para desarrollar una metodología propia en la gestión de un PEI, en los criterios e indicadores elaborados por el Ministerio de Educación Nacional para evaluar los PEI a nivel nacional y seleccionar aquellos más sobresalientes, se sugieren algunos pasos y fases específicos para elaborar un proyecto de este tipo, que algunos establecimientos han adoptado como pautas metodológicas. Para el MEN existen dos condiciones básicas para aplicar los criterios de selección de los PEI: que sean realmente innovadores y que respondan a un proceso de investigación serio y riguroso. Son los siguientes:

1. Componente conceptual

* Comprensión integral de la realidad de la comunidad educativa.
* Identificación de sus debilidades.
* Potenciales e intereses.
* Sueños y deseos expresados en su visión.
* Misión y objetivos.

1. 1. Investigación permanente.
2. 2. Diagnóstico que identifique potenciales, debilidades, deseos y aspiraciones.
1. 3. Correspondencia de la visión, la misión y los objetivos con:
   * Fines y objetivos de la Ley General de Educación.
   * Saber y experiencia de la comunidad educativa.
   * Perfil del ciudadano que se desea formar.
1. 4. Congruencia de la visión, la misión y los objetivos con las realizaciones innovadoras.

2. Componente administrativo y de gestión

* Originalidad y creatividad en los procesos.
* Conceptos, propuestas, estrategias y resultados para dar soluciones a problemas de su entorno.

2. 1. Coordinación con el Plan Educativo Municipal.
2. 2. Consolidación de la comunidad educativa.
2. 3. Capacitación en servicio para los docentes.
2. 4. Capacidad de gestión administrativa.
   * Financiera.
   * Gestión de personal.
   * Resultados del plan operativo.
   * Reorganización de la institución para atender las innovaciones administrativas y pedagógicas desarrolladas.
2.5. Conformación y desarrollo del gobierno escolar.

2.6.   Funcionamiento de los organismos del gobierno escolar.
* Consejo Directivo.
* Consejo Académico.
* Consejo Estudiantil.
* Asociación de Padres de Familia.

2. 7. Cultura para la convivencia.
* Manual de convivencia.

3.   COMPONENTE PEDAGÓGICO

* Apropiación y producción de ciencia y tecnología a través de la investigación.
* Sistematicidad del trabajo pedagógico.
* Rigurosidad en el proceso de construcción curricular.

Si bien cada comunidad educativa elige la forma de diseñar y construir su PEI, el MEN sugiere una lista de elementos metodológicos y operativos que considera necesarios para la realización de este tipo de proyectos.

MARCO GENERAL ⇨

Aspectos legales.
Aspectos conceptuales.
Diagnóstico institucional.
Principios y filosofía: comunidad educativa.
Misión de la institución.

OPERACIONA-LIZACIÓN ⇨

Justificación.
Objetivos generales.
Explicitación logros institucionales
Plan operativo.
Mecanismos de evaluación.
Responsables.

En la actualidad, los proyectos educativos son algo más que unos esquemas o guías operativos. Son, muchas veces, explicitaciones convertidas en documentos, con una filosofía que nos habla de los elementos que incluye las prioridades, las funciones de los miembros de la comunidad educativa, etc. Este tipo de proyectos hace referencia, además, a la finalidad y a los grandes objetivos, a los enfoques que se confieren a estos objetivos, a la previsión de actividades, medios y evaluación, a la temporalización, etc. Junto a las dimensiones axiológicas y metodológicas, también se incluyen los enfoques organizativos, los sistemas de evaluación, los niveles de participación y todos aquellos aspectos que de una u otra forma hacen parte de una totalidad integradora.

Por ejemplo, en actividades como La escuela como proyecto cultural, el proyecto se convierte en una verdadera estrategia educativa-cultural y se constituye en una propuesta conceptual y operativa que señala el camino hacia la descentralización y la autogestión comunitaria en el contexto escolar. Otras veces, el proyecto se transforma en un plan de acción que busca, a través de su desarrollo, articular activamente los diversos componentes sociales, pedagógicos, metodológicos, técnicos, etc., que hacen parte de él. Muchos docentes convierten una clase o un curso en un verdadero proyecto pedagógico, porque en dichos espacios se dan los elementos que posee cualquier gestión de proyectos: fundamentación, problemas, marco general, finalidades, objetivos, métodos, actividades, etc. Se parte del hecho de que uno de los supuestos que contribuye al logro de una enseñanza de calidad es la preparación de un plan de acción, el cual tiene por propósito principal resolver un problema que a la postre conlleva automática- mente un mejoramiento de la calidad educativa.

En algunas universidades europeas y, por qué no decirlo, en algunas latinoamericanas se ha optado por eliminar parcial o totalmente las clases tradicionales y reemplazarlas por sistemas de proyectos, porque se considera que aquel tipo de clases es un obstáculo para

132

llevar a la práctica currículos abiertos e interdisciplinarios. La aplicación de métodos de proyectos, con toda su fundamentación filosófica, y sus actividades, tareas y objetivos más o menos definidos, se transforma en un elemento vertebrador de un trabajo pedagógico en el que actúa un equipo interdisciplinario que, a pesar de sus diferencias profesionales, participa activa y unitariamente en pro de la consecución de los objetivos de un proyecto. Todos sabemos lo difícil que es poner de acuerdo a profesionales que poseen experiencias y formaciones diferentes, particularmente en el momento de percibir un fenómeno o una actividad. El proyecto, con su flexibilidad y dinamismo, posibilita un trabajo de grupo más cercano a una conciencia colectiva e interdisciplinaria.

El sueño dorado de los planificadores de la educación ha sido llevar a la práctica un enfoque interdisciplinario en este contexto, quizás como reacción contra el reduccionismo científico y metodológico. El proyecto con su visión múltiple e interdisciplinaria, incorpora los resultados y los métodos de las diversas disciplinas, tomándolas de los diversos esquemas conceptuales de análisis, sometiéndolas a comparación, enjuiciamiento y confrontación, y finalmente integrándolas.

Finalmente, habría que señalar un tipo de proyecto que, para algunos, escapa a los lineamientos tradicionales de un proyecto, quizás por su carácter más subjetivo, que se confunde muchas veces con la identidad personal de las personas pero que también, en algunos sectores, ha sido adoptado y utilizado como una herramienta de apoyo en la planeación de la actividad escolar o en la definición de identidad ocupacional y vocacional de ésta. Nos referimos a los proyectos de vida, que buscan responder una serie de interrogantes sobre la vida de las personas, sus intereses, problemas, expectativas, aspiraciones, inquietudes y sobre las posibilidades que nos rodean para alcanzar las metas que nos proponemos examinar y las condiciones que facilitan u obstaculizan nuestro desarrollo. Este proyecto de vida se relaciona muchas veces con la búsqueda de aspectos que se vinculan con las metas y aspiraciones personales con su inserción sociolaboral, su autoestima, el desarrollo de su identidad, etc.

Pero este tipo de proyecto no sólo apunta hacia la definición de la identidad personal de cada uno de los estudiantes, sino que también trabaja con el grupo a través de los proyectos de vida escolar que buscan conocer los problemas del grupo y encontrar alternativas de solución.

Proyecto para crear una biblioteca infantil comunitaria y un centro cultural en un barrio de la ciudad de Bogotá

1. Identificación

    1.1. Institución responsable del proyecto:
- Una fundación sin ánimo de lucro.
- Una universidad de Bogotá.

    1.2. Lugar:
- Un barrio de Bogotá.

    1.3. Duración:
- Dos años.

    1.4 Descripción:

El propósito principal del proyecto es crear, organizar y poner en funcionamiento una biblioteca infantil comunitaria, la cual se constituirá en el punto de partida de un proceso que culminará con la formación de un centro cultural para la niñez. Éste promoverá y orientará la actividad educativa, cultural y artística de la población infantil del barrio. La biblioteca no se limitará a prestar un servicio de lectura, sino que deberá hacer parte del proceso organizativo de la comunidad y convertirse en un centro aglutinador de las iniciativas sociales, culturales y educativas del barrio. Por eso, el proyecto incluirá la organización de talleres, semanas culturales y otras actividades destinadas a promover el interés por la lectura y por todo lo que ayude a mejorar la calidad de vida del barrio.

2. JUSTIFICACIÓN

A semejanza de otros barrios bogotanos, el barrio seleccionado tiene una población infantil que carece de un espacio para la re-creación y la actividad extraescolar. Los niños que asisten durante la mañana en la escuela no saben cómo utilizar su tiempo libre en la tarde, y lo correspondiente les sucede a los que asistan a la jornada de la tarde. Los estudios indagatorios previos coinciden en la necesidad de crear una biblioteca infantil comunitaria, pero concebida no sólo como un espacio físico donde se acumulen li-bros y donde el niño vaya a realizar sus tareas escolares, solicitar en préstamo un material de lectura o consumir un rato de ocio, sino como un centro donde se promuevan actividades y acciones culturales, artísticas, recreativas, científicas y educativas que le interesen tanto al niño como al adulto. Para asegurar la existencia y la continuidad de la biblioteca, así como su inserción en la co-munidad, el proyecto pretende vincular a algunas organizaciones cívicas, educativas y sociales del sector. Por tal razón, el proyecto se concibe como una experiencia participativa de algunos agentes de la comunidad.

El proyecto está financiado por una institución sin ánimo de lucro. Los aspectos pedagógicos, técnicos y metodológicos son responsabilidad de una universidad. O sea, existen los recursos humanos, técnicos y económicos para ejecutar el proyecto.

3. Diagnóstico

El proyecto es resultado de un diagnóstico previo que se le realizó a la población infantil y adulta del barrio. El diagnóstico consta de dos fases diferentes, pero complementarias. En primer lugar, la fundación aplica una encuesta a la población (de aproximadamente 2.000 niños), por medio de la modalidad denominada Buzón Cultural. Las madres de los niños también responden un cuestionario escrito, en el cual se les solicita su opinión sobre intereses, necesidades y exigencias a nivel comunal. La universidad, por su parte, integra a una muestra de los niños y adultos en escuelas, colegios y organizaciones cívicas del barrio, acerca de aspectos similares a los incluidos en la encuesta efectuada por la fundación.

Como resultado del diagnóstico, se pueden identificar los problemas que más afectan a este sector, entre ellos la ausencia de un organismo que estimule y desarrolle la actividad cultural y educativa en la localidad, el cual sirva, además, de espacio para la creación, expresión y recreación infantil.

4. Marco institucional y social

El proyecto se enmarca dentro de ciertas directrices institucionales y sociales de las dos entidades que lo impulsan. La fundación lleva a cabo una labor en otros campos (salud, educación, economía doméstica, microempresa, cultura, etc.) en barrios populares de Bogotá, mientras que la universidad ejecuta algunos proyectos comunitarios en diversas localidades y sectores de la capital, en los cuales participan ampliamente los estudiantes y docentes.

5. Objetivos generales

El diseño, la organización y la puesta en práctica de un proyecto destinado a crear y poner en funcionamiento una biblioteca infantil de la comunidad, como punto de partida para organizar un centro cultural comunitario, el cual sirva de agente aglutinador, promotor y facilitador de actividades educativas, culturales, artísticas y recreativas para la infancia del sector.

6. Objetivos específicos

- Realizar un estudio exploratorio sobre las necesidades, dificultades, intereses y expectativas socioculturales y pedagógicas de la población infantil del barrio, el cual servirá para validar el problema o el tema seleccionado.
- Efectuar un levantamiento topográfico, cultural, social, económico, educativo y geográfico de la localidad.
- Organizar y llevar a la práctica un programa destinado a sensibilizar, motivar y promover cultural, social y pedagógicamente la biblioteca en el barrio, así como crear conciencia en la población sobre la necesidad de apoyar e integrarse al proyecto.
- Diseñar y organizar la biblioteca, adquirir y recolectar libros y sistematizar el material bibliográfico.
- Organizar semanas culturales, talleres y otras actividades destinadas a dar a conocer la biblioteca y a promoverla e insertarla en la comunidad.

7. Destinatarios

La biblioteca está destinada, principalmente, a los niños en edades preescolar y escolar del barrio, pero a ella también tendrán acceso todos los niños sin distinción de edad, condición social o lugar de residencia. Ella prestará servicios a los menores que viven en hogares de bienestar del ICBF, a los alumnos de las escuelas privadas y públicas del sector y a los estudiantes de los primeros cursos de bachillerato.

8. PRODUCTOS QUE SE ASPIRA A ALCANZAR

El producto que se aspira a obtener es de tipo social, cultural y educativo, pero específicamente se trata de un servicio que busca satisfacer las exigencias y necesidades educativas, pedagógicas, culturales, artísticas y recreativas de la población infantil.

9. CRONOLOGÍA DEL PROYECTO

La realización del proyecto tiene una duración de dos años, durante los cuales se desarrollarán las siguientes etapas:

* Diagnóstico preliminar.
* Diseño, organización y funcionamiento de la biblioteca.
* Sensibilización, motivación y promoción cultural y pedagógica del barrio.
* Levantamiento topográfico, sociocultural, económico y educativo del barrio.
* Inserción de la biblioteca en la comunidad infantil: difusión, promoción y actividades de motivación.

El proyecto se adapta a los recursos disponibles. Para complementarlos y ampliarlos, se cuenta con la colaboración de la comunidad, la universidad y las empresas privadas, especialmente en lo que se refiere a las donaciones de libros y materiales para la biblioteca.

10. RECURSOS Y COSTOS DE EJECUCIÓN

Los recursos humanos y técnicos son procurados por la universidad. El proyecto hace parte del Programa de Seminarios Investigativos, por medio del cual se orientan y se dirigen los trabajos de grado de los estudiantes de la universidad.

Los costos directos tienen relación con los siguientes rubros:

- Libros y enciclopedias.
- Papelería y útiles de oficina.
- Muebles y dotación para la biblioteca.
- Materiales para la enseñanza.
- Elementos y útiles de aseo.
- Máquinas y equipos.

Entre los costos directos se incluyen los gastos de funcionamiento y los imprevistos, que serían los siguientes:

- Arriendo del local de la biblioteca.
- Pago del sueldo de la bibliotecaria.
- Servicios.
- Materiales para actividades extraordinarias.

11. Administración del proyecto

Las funciones y tareas propias del trabajo de planeación, organización, coordinación, dirección, control y evaluación del proyecto están a cargo de un equipo de trabajo integrado por los siguientes representantes:

- Director técnico del proyecto. Docente-investigador de la universidad.
- Representante de la Junta de Acción Comunal del barrio.
- Presidente de la Asociación de Padres de Familia de los hogares infantiles.

La propuesta elaborada por la universidad será analizada y discutida por el equipo de trabajo, el cual puede introducir las modificaciones que considere oportunas. Una vez aprobado el proyecto, se entrará a planificar, organizar y coordinar todas las acciones y actividades destinadas a ponerlo en práctica.

La dirección técnica del proyecto debe estar a cargo de un grupo de docentes-investigadores de la universidad.

El control y la administración de los recursos económicos, el control de gastos, el estudio de costos, etc., son responsabilidad de los representantes de la fundación. Los representantes de la comunidad deben asumir la coordinación, las acciones y las actividades relacionadas con la población del barrio, objeto y propósito del proyecto.

12. EJECUCIÓN DEL PROYECTO

El control de las actividades es ejecutado por un equipo de docentes-investigadores de la universidad y el trabajo de campo lo efectúan estudiantes de la universidad a partir de un cronograma previamente establecido, todo lo cual incluye los siguientes procedimientos:

- Evaluaciones formativas destinadas a comprobar la marcha del proyecto, las cuales permiten introducir los ajustes que sean necesarios.
- Informes escritos, quincenales y mensuales, en que se describan los detalles de avance del proyecto.
- Reuniones periódicas entre los grupos de trabajo.
- Reuniones mensuales del equipo de trabajo, con el propósito de prever las posibles desviaciones que experimente el proyecto e implementar las acciones correctivas que sean pertinentes.

13. Evaluación del Proyecto

Se emplearán tres tipos de evaluación:

*   Sumativa.
*   Formativa.
*   Diferida.

La evaluación es criterial, lo cual supone formular previamente unos objetivos educacionales y sociales que orienten todo el proceso y permitan evaluar con cierto rigor los resultados. Los criterios tienen relación con el enfoque diferente y la dimensión novedosa que se le atribuyen a la biblioteca infantil comunitaria, la cual, más que un centro pasivo de préstamo y de recepción de libros, se concibe como un núcleo educativo y cultural, activo y dinámico, que promueve la actividad cultural, artística, científica y educativa del sector.

La evaluación formativa sistemática tiene por propósito obtener información durante el proceso de desarrollo del proyecto. Esto sirve para realizar los ajustes y cambios que sean necesarios, lo cual evita que las fallas y problemas afecten el proyecto, mediante la solución oportuna de las dificultades detectadas. Las evaluaciones sumativas son decisivas para cumplir con los objetivos trazados y alcanzar logros objetivos.

Finalmente, la evaluación diferida se propone conocer los verdaderos efectos y el impacto del proyecto en la población infantil . Se realiza un año después de haberse culminado el proyecto. De esta manera se puede saber hasta qué punto los resultados obtenidos se han consolidado y se han traducido en comportamientos sociales, educativos y culturales positivos. Para ello, se establecen algunos indicadores semiempíricos como puntos de referencia para la evaluación.

Se incorporan algunas técnicas dinámicas, con el propósito de auscultar si los objetivos y los propósitos iniciales del proyecto se cumplieron y si la biblioteca cumple las funciones para las cuales ha sido creada.

14. Los logros más importantes del proyecto

El proyecto se cumple de acuerdo con los términos propuestos y programados si los resultados se evalúan de acuerdo con criterios e indicadores que tengan relación con los siguientes aspectos:

- Número de niños que solicitan el servicio de biblioteca.
- Talleres y actividades (culturales y artísticas) realizados.
- Textos y libros consultados.
- Conocimiento y motivación de la comunidad.

En la actualidad, una experiencia como la descrita ha sido desarrollada en Bogotá. La biblioteca infantil comunitaria, creada en un barrio de la capital por una universidad y una fundación, recibe como promedio diario a cien niños del sector. Ellos buscan libros para leer, enciclopedias para consultar o talleres donde pintar, cantar o hacer títeres. Es una pequeña biblioteca que cuenta con 4.000 ejemplares, entre los cuales hay textos escolares, diccionarios, enciclopedias, revistas, novelas, etc. Como apoyo a las actividades de la biblioteca, semanalmente se organizan talleres de pintura, modelado, títeres, y proyecciones de videos, de música y de danza para el público infantil. La biblioteca es atendida por una bibliotecaria permanente y cuenta con el apoyo de las organizaciones sociales, cívicas y educativas del sector.

Bibliografía General

ALBERTY, H. B. *A Study of the Project Method in Education*. State University Press, Colombus: (Ohio), USA, 1967.

ANDER-EGG, Ezequiel y AGUILAR, María José. *Cómo elaborar un proyecto*. Humanitas, Buenos Aires, 1992.

ASSAEL, Jenny y NEUMANN, Elisa, *Clima emocional en el aula*. PIIE, Santiago de Chile, 1989.

BALTARA, Antonio. "Control de la ejecución de proyectos por el método critico". *Cuadernos del ILPES*. N°4, Santiago de Chile, 1992.

BLEEKE, M. H. *The Project: From a Device for Teaching to a Principle of Curriculum*. Doctoral dissertation, University of Winconsin, Madison, USA, 1968.

BOUTINET, Jean-Pierre. *Antropologie du projet*. Presse Universitaire de France, Paris, 1987.

BRU, Marc y NOT, Louis. *Où va la pédagogie du projet?* Editions Universitaires du sud, Paris, 1997.

CEPLA-ODEPLAN. *Ensayos sobre evaluación social de proyectos*. Santiago de Chile, 1972.

CLELAND, David. *Project Management Strategic Design TAB*. Professional Reference Books, USA, 1990.

CHERVEL, Marc y LE GALL, Michel. *Manual de evaluación económica de proyectos*. Santillana, Bogotá, 1991.

CERDA, Hugo. *Elementos de la investigación*. El Búho, Bogotá, 1992.

DEWEY, John. *Democracy and Education*. Carbondale Southern Illinois University Press, USA, 1957.

ESPINOZA VERGARA, M. *Evaluación de proyectos sociales*. Humanitas, Buenos Aires, 1986.

FAO. *Pautas para la evaluación de proyectos de cooperación técnica*. Roma, 1984.

FLANDERS, N. J. *La interacción didáctica*. Anaya, Madrid, 1977.

FRAME, J. D. *Le nouveau managment du projet*. AFNOR, Paris, 1995.

GENEST, Bernard-André y Tho Hau Nguyen. *Principes et techniques de la gestion de projets.* Les Éditions Sigma Delta, Laval, Paris, 1995.

GIARD, Vincent. *Gestion de Projets.* Económica, Paris, 1991.

HAJER, J. R. *Guía práctica para la evaluación de proyectos.* ONUDI, Viena (Austria), 1979.

HARGREAVES, R. *Las relaciones interpersonales en la educación.* Narcea, Madrid, 1979.

HIRSCHMAN, R. *El comportamiento de los proyectos de desarrollo.* Siglo XXI, México, 1975.

ILPES. GRUPO DE CULTURA ECONÓMICA. ECOMSAL V. *Guía para la presentación de proyectos.* El Salvador, 1989.

JOINT COMMITTEE. ON STANDARS FOR EDUCATIONAL EVALUATION (USA) *Normas de evaluación para programas, proyectos y material educativo.* Trillas, México, 1988.

JULIENNE, R. *L'élaboration et l'étude des projets d'investigation.* Collection Méthodologie de la Planification. N°5. Ministère de la Coopération. La Documention Française, Paris, 1972.

KOONTZ, O'Donnell. *Administración.* McGraw-Hill. México, 1985.

KNOLL, Michael. "The Project Method: Its Vocational Education Origin and International Development". *Journal of Industrial Teacher Education,* USA, 1997.

KILPATRICK, W. H. *The Project Method*. Teachers College Record, USA, 1957.

O'SHAUGHNESSY, Wilson. *La faisabilité du projet*. Trosi-Riviéres, Les Editions SMG, Paris, 1992.

PÉREZ SERRANO, Gloria. *Elaboración de proyectos sociales*. Narcea, Madrid, 1993.

VALLET, Gilles. "Techniques de planification de projets". *L'Expansion Management Review*. Mars 1995, Paris.

EL AUTOR

HUGO CERDA GUTIÉRREZ

Docente, investigador y escritor. Realizó estudios en el Instituto Pedagógico de la Universidad de Chile. Se ha desempeñado como periodista, docente e investigador en diversas universidades e instituciones educativas de Chile, Perú, Ecuador, Colombia, Venezuela y México. Es autor de 25 libros relacionados con la educación, metodología de la investigación, arte, literatura y teatro. Entre éstos hay que destacar *Ideología y cuentos de hadas* (Madrid, 1985), *Pasado y presente de la educación Preescolar en Colombia* (CIUP, Bogotá, 1979) *Problemática del niño colombiano* (Bogotá, 1986), *La investigación total* (Cooperativa Editorial Magisterio, Bogotá. 1993) *Los elementos de la Investigación* (El Buho, Bogotá, 1992), *Cómo elaborar proyectos* (Cooperativa Editorial Magisterio, Bogotá, 1994) *La prostitución infantil* (Ed. El Castillo, Bogotá, 1997), *La creatividad en la ciencia y en la educación* (Cooperativa Editorial Magisterio, Bogotá, 2000), *La evaluación como experiencia total* (Cooperativa Editorial Magisterio, Bogotá, 2000), *Proyecto de aula* (Cooperativa Editorial Magisterio, Bogotá, 2001).

Actualmente es docente, investigador y asesor de varias universidades privadas y oficiales de Bogotá.

www.ingramcontent.com/pod-product-compliance
Lightning Source LLC
Chambersburg PA
CBHW071751150726
47998CB00005B/1891